행복한 수업을 위한

독서교육 콘서트

행복한 수업을 위한 독서교육 콘서트
(인문독서의 모든 것을 알려주는 유쾌한 독서 멘토링)
[행복한 교과서®] 시리즈 No. 31

지은이 | 김진수
발행인 | 홍종남

2017년 10월 25일 1판 1쇄 발행
2017년 12월 3일 1판 2쇄 발행
2019년 6월 27일 1판 3쇄 발행(총 4,000부 발행)

이 책을 만든 사람들
책임 기획 | 홍종남
북 디자인 | 김효정
교정 교열 | 김솔
제목 | 구산책이름연구소
출판 마케팅 | 김경아

이 책을 함께 만든 사람들
종이 | 제이피씨 정동수 · 정충엽
제작 및 인쇄 | 천일문화사 유재상

펴낸곳 | 행복한미래
출판등록 | 2011년 4월 5일. 제 399-2011-000013호
주소 | 경기도 남양주시 도농로 34, 부영e그린타운 301동 301호(다산동)
전화 | 02-337-8958 팩스 | 031-556-8951
홈페이지 | www.bookeditor.co.kr
도서 문의(출판사 e-mail) | ahasaram@hanmail.net
내용 문의(지은이 e-mail) | dreamisme@naver.com
※ 이 책을 읽다가 궁금한 점이 있을 때는 지은이 e-mail을 이용해주세요.

ISBN 979-11-86463-27-7
〈행복한미래〉 도서 번호 058

※ [행복한 교과서®] 시리즈는 〈행복한미래〉 출판사의 실용서 브랜드입니다.
※ [행복한 교육학®] 시리즈는 〈행복한미래〉 출판사의 교육학 브랜드입니다.

행복한 수업을 위한

독서교육 콘서트

행복한미래

:프롤로그:

교사의 독서가 학급을 바꾼다

"당신의 인생을 가장 짧은 시간에, 가장 위대하게 바꿀 수 있는 방법은 무엇일까? 당신이 독서보다 더 좋은 방법을 알고 있다면, 그 방법을 따르기 바란다. 그러나 인류가 현재까지 발견한 방법 중에서만 찾는다면 당신은 결코 독서보다 더 나은 방법을 찾지 못할 것이다."

가치투자의 귀재 워렌 버핏이 한 이 말을 듣고 독서에 물음표(?)가 생겼다. 그리고 소크라테스가 한 다음 말로 독서에 큰 관심이 생겼다. "남의 책을 읽는 데 시간을 들여라. 남이 애써서 얻은 것으로 자기 자신을 쉽게 개선할 수 있다."

동기부여가 앤서니 라빈스는 "성공을 위한 가장 좋은 방법은 '모방'이다. 이런 측면에서 책은 일종의 보물지도인 셈이다. 책은 거의 공짜에 가까운 비용으로 막대한 가치를 제공하고 있다. 한 권의 책에 담긴

한 가지 노하우는 한 사람의 인생을 통째로 바꿔 놓을 만큼의 위력이 있다."라고 이야기한다.

필자는 독서 때문에 다른 일을 할 시간이 없다. 필자 인생은 철저하게 독서로 디자인 중이다. 독서로 삶이 바뀌니 필자가 운영하는 학급 또한 당연히 책으로 영글어간다. 우리 아이들에게 자주 하는 이야기가 있다.

"여러분, 우리 학급을 자랑스러워하세요. 든든한 지원군인 위인들과 성공한 사람들의 노하우를 매일 우리는 함께하고 있기 때문입니다. 책 속에 길이 있다고 한 말은 거짓이 아니었어요. 선생님이 직접 몸으로 느낀 바가 많기 때문에 더 나눌 수 있어요. 책을 사랑하세요. 책을 사랑하는 사람은 절대 실패하지 않아요."

5년 전 필자에게는 특색적인 학급 모습이 없어서 언제나 무언가 부족하게 느껴졌다. 다른 선생님을 그대로 모방하는 것조차 버거워 하루하루가 가시방석에 앉은 것 같았다. 하지만 이제는 다르다. 독서를 하기 시작하면서 어느 순간 필자만의 색으로 디자인된 학급의 모습을 갖추게 되었다. 물론 이것이 100% 옳다고는 할 수 없겠지만, 우리는 매일매일 성장하면서 행복한 학급으로 거듭나고 있다는 점이 중요하다.

처음에는 무심코 시작했던 독서의 끈이 이렇게 필자를 비롯해서 학급에까지 영향을 줄지는 전혀 몰랐다. 하지만 필자가 받은 이 영감을 누군가에게 나눠 주어야겠다는 사명감을 발견한 뒤로는 부족하지만 이렇게 책으로도 소통을 한다.

이 책은 교사뿐만 아니라 부모, 학생 모두에게 도움이 될 것이라고 믿는다. 책으로 자신을 발견하면 그때부터는 인생 전체가 바뀔 것이다. 필자가 어떻게 책을 만났는지, 이것을 학급에 어떻게 적용했는지 지금부터 함께 그 여정을 살펴보자. 그리고 이 책을 덮는 순간 여러분에게 이런 마음이 들었으면 좋겠다.

"나도 책을 읽어야겠다."

이렇게 생각한 사람이 있다는 것만으로도 필자가 할 일은 다했다. 잊지 말자! 독서하는 교사는 학급을 더욱 살아 숨 쉬게 한다는 사실을 말이다.

차례

2부 아이를 성장시키는 최고의 키워드 : 인문(人文)

3부 인문독서 사례를 공개하다

4부 역사 속 인물의 아홉 가지 독서법에서 아이의 독서법을 발견하다

5부 독서 경영 : 교사를 위한 인문독서 멘토링

| 1부 |

교사, 독서를 만나다

01.
독서광 김 선생, 32살에 책을 읽다

"여보, 이 책 한번 읽어 볼래요?"라며 아내가 한 권의 책을 내밀었다.

"책? 갑자기 무슨 책이야? 어디 보자! 건강은 정상인 것 같고…… 이거 몇 개?"

나는 농담으로 아내의 말을 받아 넘겼다. 그러고는 언제나 그렇듯이 시간에 쫓겨서 교실로 들어갔다. 크게 한숨을 한 번 내쉬고는 "오늘도 무사히!"라는 말과 함께 커피를 한 모금 들이켰다. 드디어 오후 4시 40분 알람이 울리자 어린아이처럼 기뻐하며 가방을 주섬주섬 싸서 일명 칼퇴를 했다. 집에 오니 아침에 아내가 내밀었던 책이 여전히 책상 위에 놓여 있었다. 고이 들어서는 한쪽으로 치워 놓는 내 모습이란! 평소처럼 맛있게 저녁 식사를 한 뒤 TV를 보며 웃고 떠들다 하루를 마감했다. 그런데 웬일인지 고이 치워 놓은 책이 자꾸만 신경이 쓰였다.

'아내가 내 생각해서 추천한 책인데 그냥 놔둘 수는 없겠지? 그래 속는 셈 치고 한번 읽어 보자.' 자리를 박차고 일어나서 책상 앞에 앉았다. 돌이켜보면 그때의 작은 결심이 있었기에 지금의 '내'가 만들어진 듯하다. 그래서 그런지 그날 아침부터 새벽녘까지 있었던 소소한 일들을 모두 생생하게 기억한다. 내 인생의 전환점을 맞이한 순간이었기 때문이다.

가끔 이렇게 물어보는 사람들이 있다. "독서는 언제부터 하셨어요? 지금 독서하는 모습을 보면 정말 대단하세요. 어릴 적부터 독서를 꾸준히 하신 건가요?"

여기에 나는 이렇게 대답해 준다. "아니요, 독서를 시작한 것은 32살 때부터입니다. 대략 6년 전이네요. 이전까지는 1년에 한 권 읽을까 말까 했었죠."

대부분의 사람은 독서를 하고 싶은데 직장생활에, 집안일에 정신없이 하루를 보내고 나면 책을 읽을 시간적 여유가 없다고 말한다. 이런 사람들에게 나는 또 이렇게 이야기한다.

"저는 그래서 다른 일을 하기 전에 독서를 먼저 합니다. 새벽에 일어나 1~2시간 정도 독서를 하면 몸과 마음이 최적인 상태로 하루를 시작할 수 있더라고요. 해 보시면 어떤 느낌인지 알 수 있을 것입니다. 한번 도전해 보세요."

나는 32살이 넘어서야 알았다. 위인들은 하나같이 독서광이었다는 사실을 말이다. 나폴레옹은 "나는 독서할 시간 때문에 다른 일을 할 시간이 없다."라고 말할 정도로 독서광이었다. 독서를 많이 한다고 해서 모든 사람이 리더가 되고, 위인이 되는 것은 아닐 것이다. 하지만 위대한 리더와 위인은 모두 독서와 뗄 수 없는 관계를 맺고 있었다.

'내 인생의 전환점'이 된 계기이자 아내가 권한 책은 바로 『독서 천재가 된 홍대리』였다. 그 책은 정말로 우연히 구입하게 되었는데, 지금은 우연이 아닌 필연이라는 확신이 든다. 당시 아버지께서 아내에게 도서상품권 5만 원을 선물로 주셨다. 지금은 문화상품권으로 통합되어 사용에 제약이 없지만 당시에는 도서상품권과 문화상품권 사용처가 달라서 도서상품권으로는 책밖에 살 수 없었다. 그래서 아내는 이 도서상품권으로 인터넷에서 4권의 책을 구입했다. 그중 하나가 바로 『독서 천재가 된 홍대리』다. 그날 밤 10시에 책을 집어 들었다. 첫 장부터 바로 눈길이 갔다. 주인공의 이름이 진수였기 때문이다. '어, 나도 진수인데. 어디 홍진수의 활약을 한번 살펴볼까?'

워낙에 유명한 책이니 줄거리는 아주 간략하게 소개하겠다. 열심히 직장생활을 하던 홍진수(홍대리)는 5년 만에 좌천되는데, 왜 삶이 이렇게 꼬였는지 고민하던 중 독서멘토 해일을 만나면서 독서로 인생을 변화시킨다는 내용이다. 앉은자리에서 한 권의 책을 다 읽기는 그때가 처음이었다. 홍진수의 삶이 어떻게 변하는지 궁금해서 쉽게 몰입을 했던 것이다. 어느 순간 책꽂이에 있던 공책을 꺼내서 무언가 적고 있는 나를 발견했다.

- 첫 번째 미션. 일단 2권의 책 읽기
- 두 번째 미션. 100일 동안 33권 읽기

- 세 번째 미션. 1년 동안 교육 분야 100권 읽기
- 네 번째 미션. 1년 동안 365권 읽기

가슴이 마구 두근대기 시작했다. 홍진수의 모습이 마치 내 모습 같았다. 지나온 5년간의 교직 생활이 그가 맞닥뜨린 직장생활과 겹치면서 '나는 과연 직장생활에서 살아남았을까?' 하는 질문에 자신 있게 답할 수가 없었다. 동시에 이런 마음도 들었다. '나도 홍진수처럼 변하고 싶다. 그리고 독서도 하고 싶다. 어떤 책을 어떻게 읽어야 할지 잘 모르겠지만, 어디 첫술에 배부르랴! 나만의 인생을 멋있게 살아보기 위해서라도 꼭 변하고 싶다.'

나는 책 속 홍진수와 달리 독서멘토가 없으니 일단 첫 번째 미션은 건너뛰었다. 바로 두 번째 미션인 100일 동안 33권 읽기 프로젝트를 실시했다. '한번 속는 셈 치고 세 달만 투자해 보자. 긴 인생에서 이거 하나 투자 못하랴. 한번 해 보고, 아니다 싶으면 나랑 독서는 안 맞는다고 여겨야지 뭐.'

이때가 2011년 10월 9일이었다. 당시 활발히 활동했던 SNS 싸이월드에 남긴 글을 아직도 기억한다.

독서일기(1일째)

제목 : 제1권 독서 천재가 된 홍대리

지은이 : 이지성, 정회일 지음

아내가 읽고 추천한 책이다. 책이 과연 나를 변화시킬지……. 한번 책과 씨름해 볼 것이다.

1차 목표 100일 동안 33권 읽기.

내 첫 미션이다. Let's Go!

내 인생은 둘로 나눌 수 있다. '독서를 하기 전의 나'와 '독서를 한 후의 나'로 말이다. 데카르트는 이렇게 이야기한다. "좋은 책을 읽는 것은 과거 몇 세기의 가장 훌륭한 사람들과 이야기를 나누는 것과 같다."

02.
배움, 독서와 학습을 연결하다

"배우고 때때로 그것을 익히면 또한 기쁘지 않은가? 벗이 먼 곳에서 찾아오면 또한 즐겁지 않은가? 남이 알아주지 않아도 성내지 않는다면 또한 군자답지 않은가?"

이는 20장으로 구성된 『논어』의 제1장 「학이」편 중에서도 으뜸으로 나오는 구절이다. 언젠가부터 책을 읽을 때마다 맨 앞에 어떤 구절로 시작하는지 집중해서 보게 되었다. 사람을 만날 때 첫인상이 중요하듯 책을 만날 때도 첫인상이 중요하기 때문이다. 저자가 책에서 강조하는 내용이 대체로 이 맨 앞 구절에 드러나 있다. 『논어』의 첫 구절은 배움에 대한 것이다.

먼저 학습(學習)이란 한자를 보자. 학(學)은 배우는 것이다. 이 배움은 책에서 읽었거나 경험을 했거나 선생님께 가르침을 받은 수많은 지식을 내 머릿속에, 내 가슴속에 넣는 작업이다. 습(習)은 익히는 것이다. 배운 지식이나 경험을 내 것으로 만드는 작업이 바로 이 '습'에서 나온다. 이것이 바로 '학습'이다. 그런데 현실은 어떤가? 열심히 배우는 것에만 급급하다. 즉, 학(學)만 열심히 한다. 요즘 아이들은 자기 시간이 없다. 그래서 살아가는 데 가장 중요한 '생각하는 힘'이 부족하다. '생각하는 힘'이 부족하니 자신이 무엇을 가장 좋아하는지 잘 모른 채 살아간다. 심지어 왜 공부를 해야 하고, 더 나아가 왜 꿈을 꾸어야 하는지조차 알지 못한다. 대다수 아이들이 학교에서 수업을 마치면 방과 후 학습을 듣거나 학원에 간다. 저녁 늦게까지 학원에서 열심히 배우고 집에 돌아온다. 집에 오면 또 다른 배움이 아이들을 맞이한다. 실제로는 하루 종일 열심히 배우기만 하고 자기 스스로 익히는 시간이 거의 없었는데도 많은 시간을 배웠기 때문에 '학습'을 했다고 착각에 빠진다. 진정한 배움은 배운 것을 내 것으로 만드는 '습'에 있는 줄도 모르고 열심히 배우는 데만 급급한 것이다.

자! 자신에게 질문을 하나 던져 보자. 오늘 배운 수많은 것 중에서 무엇을 기억하는가? 오늘 배운 것 중 진정한 내 것이 있다고 자신 있게 말할 수 있는가? 무엇을 배우든 노트에 기록해 보자. 그것이 익히는 것의 첫걸음이다. 수많은 위인이 메모를 한 이유도 이 때문이다. 위인들은 진정한 배움의 자세를 통해 실천했고, 배움의 기쁨에서 진정한 자신을 만날 수 있었다. 누군가 말하지 않았던가! 가장 행복할 때는 바로 성장하는 느낌을 맛볼 때라고 말이다.

그럼 현실로 돌아와서 하나씩 살펴보자.

내 아이를 포함해서 지금 내가 가르치는 아이들은 배움에서 즐거움을 느끼고 있을까?

나는 초등학교 교사를 13년째 하고 있다. 13년 동안 아이들에게 첫 번째로 가르치는 것도, 마지막으로 가르치는 것도 이 '배움에 대한 즐거움'이다. 배움을 즐거워하는 아이는 스스로 문제를 해결할 수 있는 힘과 기술을 지니고 있다. 어떤 문제에 봉착하더라도 그것을 해결하기 위해 끊임없이 도전하는 자세를 보인다. 바로 과제 집착력이다. 그런데 대부분은 영문도 모른 채 죽어가고 있다. 방향을 잘못 잡았기 때문이다. 목적 없이 공부하는 아이가 너무 많다. 그래서 미래학자인 앨빈 토플러는 한국 학생들에게 이런 말을 남겼다.

"한국 학생들은 하루 15시간씩 학교와 학원에서 미래에는 필요하지 않을 지식과 존재하지도 않을 직업 때문에 시간을 낭비하고 있다."

이 말을 듣고 처음에는 '뭐야? 그럼 선생님들이 잘못 가르치고 있다는 거야?'라면서 분개하고 자존심이 상했지만, 한편으로는 수긍할 수밖에 없었다. 나 역시 무비판적으로 아무 생각 없이 좋은 대학교를 가려고 열심히 공부했으니 말이다. 또 교사가 되어서는 아이들에게 좋은 성적만을 위해 지식전달자 수준을 벗어나지 못했던 시절이 있었기 때문이다. 그러나 독서의 맛을 알고 나서는 관점이 변해 배움에 대한 태도가 완전히 바뀌었다. 배움에 대한 즐거움을 알게 되었고, 그 즐거움을 교실에 반영하면서 한층 더 성숙했기 때문이다. 배움을 진정으로 아는 자는 배우는 것 하나하나가 즐겁다.

"배움으로서 어려움을 이기고, 배움으로서 꿈을 찾고, 배움으로서 비전을 세우며, 배움으로서 삶을 나눈다."라고 하는 학취개진(學就開進)의 삶을 사는 사람이 있다.

"나는 나를 미워하지 않았고 싫어하지도 않았다. 부모님이 물려준 그 모든 불행과 환경에 대해 용서하고 장애인인 나도 용서했다. 내가 나를 정의롭게 대접하지 않고 나의 나됨을 용서하지 않고서는 인생을 살아 나가기가 참으로 힘들 것이라는 사실을 열다섯 살에 깨달았다. 대학에 가기 위해 공부한 것이 아니라, 살기 위해 공부했다. 이 세상이 학교라고 믿었고, 같이 살고 있는 사람들이 선생이라고 믿었다. 불합리하고 부정의한 사회와 사람들을 탓하는 대신에 자신의 운명을 바꾸어 나갔다. 어떤 기회든지 '패스'하지 않고 살펴보았으며, 조건이 마음에 들지 않는다고 '무시'하지 않았다."

그녀의 이런 고백은 쉽게 나온 것이 아니다. 처절하고 열악한 환경 속에서 악에 받쳐도 모자랄 판국에 그녀는 용서의 길을 택했고, 끊임없는 도전과 배움의 길을 택했다. 그녀는 바로 134센티미터 국제사회복지사 김해영 씨다. 그녀는 술에 취한 아버지가 딸이 태어났다고 갓난아기를 벽으로 밀치는 바람에 척추 장애인이 되었다. 10대에 아버지의 자살을 경험했고, 어머니가 정신질환자라 장애가 있는 몸으로 어린 동생들의 뒷바라지까지 해야 했다. 14살의 초졸 식모였던 장애인 여성이 편물기술 관련 국제 장애인대회에서 금메달을 획득하고, 아프리카에서 14년간 직업훈련 교육자로 활동하며, 나아가서는 미국 컬럼비아대학교에서 석사 학위를 받기까지 아마도 온 힘을 쥐어짜야 했을 것이다. '배움으로서 어려움을 이기고, 배움으로서 꿈을 찾고, 배움으로서 비전을 세우며, 배움으로서 삶을 나눈다.'는 이 말을 가슴 깊이 새기고 나눔과 봉사를 위해 살아가는 모습이 아름답기만 하다.

김해영 씨는 자신의 인생 방향을 너무나도 잘 알았고, 그것을 실천한 인물 중 한 명이다. "살고 있는 나라와 장소가 바뀌었다고 해서 삶의 태도를 바꾸고, 현실이 불안하고 막막하다고 해서 신념을 바꿀 필요는 없었다. 중요한 것은 오늘을 사는 일이다. 내가 살고 있는 자리에서 최선을 다하고, 그 순간에 만나는 사람에게 정성을 다하고 마음을 다하며 더불어 살면 되는 일이다."라는 그녀의 고백 속에 삶의 철학이 보인다.

나는 그녀가 배움을 진정으로 아는 사람이라고 생각한다. 왜 우리 아이들은 그녀가 느끼는 배움의 즐거움을 진정으로 느끼지 못할까 고민하다 보니 그 이유를 크게 세 가지로 나눌 수가 있었다.

첫째, 부모나 선생님이 시켜서 하는 공부에만 익숙하다는 것이다. 나는 이 점이 가장 안타까웠다. 이것은 공부를 잘하고 못하고를 떠나서 그냥 점수를 위한 공부를 하고 있기 때문이다. 심지어는 공부를 왜 하는지조차 모른 채 학교에 오는 아이도 있다. 끊임없이 변화를 외친 구본형 소장의 『익숙한 것과의 결별』이라는 책 제목처럼 때로는 익숙한 것들에 물음표(?)를 갖는 태도가 중요하다.

둘째, 꿈과 비전이 없다는 것이다. 아이들은 대개 꿈을 막연하게 꾼다. '미래에 어떤 직업을 가져야지' 하는 되고 싶은 직업만 있을 뿐, 가장 중요한 그 이후가 없다. 그것을 위해서 각자가 해야 할 일을 나열해 보라고 하면 꿀 먹은 벙어리가 된다. 그냥 꿈인 것이다. 이지성 작가는 이를 가리켜 바람(Wind)이라고 했다. 진정한 꿈은 생생하게 꾸기에 단순히 왔다가 사라지는 바람(Wind)이 아닌 바람(Hope)이라는 것이다. R=VD라는 공식을 많이 보았을 것이다. 생생하게 꿈을 꾸는 사람만이 현실로 이룰 수 있다는 헬렌 켈러의 쓴소리를 가슴에 새기기 바란다. "앞을 못 보는 사람보다 불행한 사람은 꿈이 없는 사람이다."

많은 사람이 꿈을 현실로 만들고자 실천은 하지 않은 채 그냥 공부만 한다. 하루에 한 가지만이라도 꿈을 향해 실천하자고 다짐하고는 반드시 해내자. 그럼 하루에 1개, 한 달이면 30개, 1년이면 365개의 꿈 근육이 쌓여서 비전과 열정으로 똘똘 뭉친 나를 발견할 수 있을 것이다.

셋째, 간절함이 없다는 것이다. 요즘 시대는 너무나 풍요롭다. 풍요롭기 때문에 모든 것이 너무 '당연'하다. 이 '당연'은 정말 무서운 단어다. 감사의 반대말이 무엇인지 아는가? 바로 그 '당연'이다. 먹고 사는 것이 힘들었을 때는 삼시세끼 챙겨 먹는 것이 가장 큰 감사였지만, 이것을 감사하며 사는 사람이 몇 명이나 될까? 나 또한 때로는 삼시세끼 먹을 수 있다는 사실을 당연하게 여긴다. 배움 또한 마찬가지다. 과거에는 경제 사정으로 배우지 못한 사람들이 너무나 많았다. 부모 세대는 초졸이나 중졸이 대부분이다. 그랬으니 배움의 간절함이 오죽했으랴! 아이들을 가르치면서 알게 된 사실이 하나 있다. 배움에 간절함이 있는 아이들의 삶 속에는 당연함이 아닌 감사함이 자리 잡고 있다는 것이다.

프랑스 사상가 몽테뉴는 이렇게 이야기한다. "어디로 배를 저어야 할지 모르는 사람에게는 어떤 바람도 순풍이 아니다.", "바람은 목적지가 없는 배를 밀어주지 않는다."

이것은 방향을 잡는 것이 얼마나 중요한지 잘 드러낸다. 나는 방향의 갈피를 잡지 못하는 아이들에게 이렇게 이야기한다. "너희들만의 진북을 찾아라. 방향을 잡는 것이 무엇보다 중요하다. 진북은 모두 동일하지 않다. 너희들만의 인생 나침반을 들고, 진북이 가리키는 곳을 찾아야 한다. 이것을 찾는 유일한 방법은 나침반을 사용하는 방법을 알고, 그것이 가리키는 곳으로 걸어가면 된다. 그 사용법은 책에서 찾아라. 이미 여러분보다 먼저 산 인생의 선배들이 고민해서 풀어놓은 멋진 노하우가 그곳에 들어 있다. 그리고 한 걸음, 한 걸음 걸어가다 보면 누구나 나만의 진북을 찾을 수 있을 것이다."

여러분은 어떤가? 자신만의 진북을 찾았는가? 자신만의 진북을 찾는 것은 인생에서 대단히 중요하다. 배움의 즐거움을 통해 나 자신을 알고, 나만의 인생을 더욱 멋있게 설계해 보면 어떨까? 몽테뉴가 한 다음 말을 다시 한 번 가슴 깊이 새겨보자.

"바람은 목적지가 없는 배를 밀어주지 않는다."

03.

김 선생 인문독서를 만나다

초등학교 시절부터 반에서 거의 존재감이 없던 한 소년이 있다. 그는 꿈과 비전도 없이 다른 친구들이 하니까 자신도 공부를 했을 뿐이며, 오락 게임에 더 몰두했다. 그가 학교에 다니는 이유는 오로지 친구 때문이었다. 중학생 때는 누나의 가출, 부모의 이혼 등 복잡한 가정사로 마음이 심하게 흔들렸으나, 이내 다잡고는 공부에만 전념했다.

"나라도 잘 살자. 단순히 사는 것이 아니라 잘 살아 보자. 내가 무너지면 우리 집안의 모든 것이 무너진다." 거울을 보면서 하루에도 수십 번씩 이 말을 반복하며 열심히 공부했다. 그 결과 교육대학교에 입학했고 초등교사가 되었다. 학교에 가니 아이들이 초롱초롱한 눈빛으로 그를 바라보았다. 드디어 그에게도 제자가 생긴 것이다. 5년 동안은 나름대로 교과서를 잘 가르쳤다. 그것밖에는 아는 것이 없었고, 그것이 전부라고 생각했기 때문이다. 그런데 인생의 반전을 꾀하는 독서를 만났다. 그 뒤로 6년 동안 부지런히 독서를 했다. 지금 그는 6년 전 그가 아니다.

그는 현재 초등학교에서 아이들에게 꿈, 비전, 소망, 사랑, 행복 등을 키워드로 하루하루 행복한 교육을 실천한다. 자신뿐만 아니라 아이들, 학부모, 동료 교사와 함께 매 순간 최선을 다한다. 매일매일이 새롭고, 성장의 연속이다. 아이들을 진심으로 대하니 교실에는 항상 행복, 사랑, 나눔, 섬김, 배려가 가득하다. 한 아이가 알림장을 들고 그에게 다가온다. 그는 아이의 알림장에 이렇게 서명한다. '김진수'

그렇다. '그'는 바로 지금의 '나'다. 예전에 나는 스스로의 존재를 인정하지 않았고, 자꾸 감추려고만 했다. 그런데 독서를 시작하고 나서는 내 자신을 용서할 수 있었고, 과거도 인정할 수 있었다. 이제까지의 모든 것은 지금의 나를 만드는 토대가 되었음을 독서를 통해 깨달았던 것이다. 그렇다면 도대체 어떤 독서를 했기에 나는 인생의 반전을 꾀할 수 있었을까?

현재 인문학이 대세이기는 하나 보다. 온라인서점에서 제목에 '인문학'이 들어 있는 책을 검색하니 무려 6,245권이나 되었다. '인문'으로 검색할 때는 자그마치 17만 권이었다. 인문(人文)의 사전적 의미는 크게 다음 세 가지다.

- 인류의 문화
- 인물과 문물을 아울러 이르는 말
- 인륜의 질서

이를 토대로 한 인문학(人文學)이란 언어, 문학, 역사, 철학 등을 연구하는 학문을 의미한다. 사색전문가 김종원은 『생각 공부의 힘』에서 인문학을 '세상의 모든 것이 배움의 공간'이라고 정의하기도 했다. 세상 자체가 인문학 요소인 셈이다. 나는 개인적으로 김종원 작가가 제시한 인문학 정의에 공감한다. 형식이 아닌 본질을 꿰뚫는 진정한 사색으로 인문의 핵심인 인간 사상이 보이기 때문이다. '인문독서'라는 단어에서 대부분은 '인문고전독서'를 떠올린다. 하지만 고전은 그중 한 부분일 뿐이다. 내가 생각하는 '인문독서'는 사실 사람과 관련되어 있다. 내가 나다움을 진정으로 발견하도록 문을 열어 주는 독서다. 어떤 문으로 들어가느냐에 따라 그 안에서 보는 것이 다 다르다. 독서는 눈에 보이지 않는 가치를 내 안에서 살아 숨 쉬게 한다.

소크라테스는 이렇게 이야기한다. "그저 사는 것이 아니라 잘 사는 것이 중요하다. 남의 책을 읽는 데 시간을 보내라. 남이 고생한 것으로 쉽게 자신을 개선할 수 있다."

거듭 말하지만, 나는 32살까지 책을 거의 읽지 않았다. 읽은 것이라고는 교과서가 전부였을 뿐이다. 이런 나에게 소크라테스의 말은 충격으로 다가왔다. '잘 살라고? 남의 책을 읽으면 된다고?' 몇 날 며칠을 이 두 질문에서 대답을 얻고자 생각하고 또 생각했다. 그러다 내면에서 이런 소리가 들리기 시작했다. '너도 잘 살고 싶지 않아? 그럼 남의 책을 한번 읽어 봐. 어떤 변화가 생길지 궁금하지 않아?'

그때 만난 책이 바로 『독서 천재가 된 홍대리』였다. 책을 다 읽고 나니 가슴이 뛰기 시작했다. 홍진수가 맛본 변화를 나도 맛보고 싶었다.

나는 좋아하는 것을 만나면 거기에 푹 빠지는 성향이 있었기에 무조건 시작했다.

그사이 나와 아내는 정말 많이 변했다. 물론 어려움도 있었지만 그래도 '잘 살기' 위해 독서와 함께 더욱 노력했다. 내가 독서를 하지 않았다면 '그저 살고' 있었을 것이다. 여러분도 느껴 보고 싶지 않은가? 진정한 사람의 문을 열어 준 인문독서를 말이다. 인문독서를 이야기하는데 내 이야기를 장황하게 언급한 것은 독서가 한 사람의 인생을 어떻게 변화시켰는지 직접 보여 주는 것이 더 나을 것 같았기 때문이다.

인문독서는 거창하지 않다. 세상 속에서 배우는 모든 것이 바로 인문독서다.

04.
책으로 시작하게 하라

엄마　“인화는 그 마음이 석 달에 이르도록 인(仁)에 어긋나지 않으나, 그 나머지 사람들은 하루나 한 달에 한 번 인에 이를 뿐이다.”라고 공자는 말했어.

아이　“엄마, 인이 뭐야?”

엄마　글쎄. 엄마도 말로 설명하려니 어렵네. 근데 항상 ‘인’, ‘인’ 하는 것을 보니 강조하는 말 같아. 공자가 늘 중요하다고 말하는 게 뭐지?

아이　공부 배우는 거.

엄마　네 생각에는 인이 그거 같아?

아이　응!

엄마　그래. 그럼 우리가 생각하는 인의 첫 번째는 배움이라고 하자.

아이　엄마 나는 공자가 말하는 배우는 거 정말 좋아.

이는 'JK잉글리쉬'를 운영하는 『이기는 영어 공부법』 이진규 대표의 가정에서 나누는 일상적인 대화다. 이 가정은 매일 아이들에게 『논어』를 읽어 준다. 대화로 서로 의견을 나누면서 하루를 시작하고, 마무리한다. 이 대화에 등장하는 아이는 몇 살일까? 당시 아이의 나이는 5살이었다. 육아를 『논어』로 한다고 책에서 읽기는 했지만, 직접 가족을 만나보니 긍정적인 방향으로 효과가 나타나고 있는 것을 알 수 있었다.

나는 2년 연속 초등학교 5학년을 맡고 있다. 2016년에 아이들과 있었던 이야기를 하나 하겠다. 당시 아이들과 아침마다 『논어』로 하루를 열었다. '인문고전'을 접하지 못한 아이들이 익숙해질 수 있도록 아침마다 『논어』를 읽기 시작했다. 부득이한 경우를 제외하고는 거의 매일 읽었다. 아이들이 스스로 『논어』를 읽게 할 수는 없을까 고민하다 '논어 1&1 프로젝트'를 고안했다. 이는 한 달에 한 번 완독하는 것이다. 그리고 아이들 스스로 읽을 수 있도록 '주간학습안내'에도 명시했다.

『논어』는 크게 20장으로 구성되어 있다. 한 달은 30일이므로 주말을 제외하면 대략 평일은 20일 정도다. 그래서 주간학습안내 하단에 『논어』 읽기 칸을 만들어서 1일은 '학이', 2일은 '위정', ……, 20일은 '요왈' 등으로 명시했다. 어느 아이는 집에 있는 달력에 1장부터 20장까지 미리 적어 놓기도 했다. 아이들은 교사인 나보다 훨씬 더 깊게 『논어』의 의미를 깨우쳤다. 그리고 감명 깊었던 구절을 필사하는 등 발전된 모습을 보였다. 지금 하는 이 활동이 훗날 어떤 방향으로 전개될지는 알 수 없다. 하지만 긍정적인 영향이 훨씬 더 클 것이라고 믿는다.

무엇보다도 아이들에게 '의미'를 느끼게 해 주고 싶었다. 공자의 한

마디 한 마디가 아이들의 가슴속에서 살아 숨 쉬게 하고 싶었던 것이다. 초등학교 5학년 아이들이 삶의 의미를 깨닫기란 쉽지 않다. 수적천석(水滴穿石)이란 말이 있다. "작은 물방울이 끊임없이 떨어지면 돌에 구멍을 내듯 아주 작은 노력도 하고 또 하면 큰일을 해낼 수 있다."라는 의미다. 이런 작은 울림들이 모여 어느 순간 큰 울림으로 변하는 것이기에 우리 반 아이들은 지금 이 순간에도 『논어』를 열심히 읽고, 쓰고, 생각하고, 실천한다.

정민 교수의 『오직 독서뿐』에서는 홍길주가 이야기한 '독서의 다섯 등급'이 나온다.

- 첫 번째 등급 : 이치를 명확하게 밝혀 몸을 맑게 하는 것이다.
- 두 번째 등급 : 옛것과 옛일을 널리 알아 지금 처한 문제에 적용하는 것이다.
- 세 번째 등급 : 문장을 닦아 세상에 이름을 날리는 것이다.
- 네 번째 등급 : 뛰어난 기억력으로 다른 사람에게 과시하는 것이다.
- 다섯 번째 등급 : 할 일 없이 한가하게 놀면서 시간을 보내는 것이다.

인문독서의 시작은 처음에는 미약하다. 하지만 하나씩 누적되고 숙성될수록 등급이 올라가 결국 이치의 분별력을 명확하게 하여 진정한 수신(修身)을 가능하게 한다. 각자가 수신에 힘쓸 때 진정한 수신제가치국평천하(修身齊家治國平天下)를 이룰 수 있지 않을까? 여러분과 아이들의 등급은 어디에 위치하고 있는지 스스로 자문해 보자.

내 인문고전독서의 시작은 2013년 NTTP 경기도 초등 인문학 예술문화교육연구회에 참석하면서부터다. 30여 명의 선생님이 각자 돌아가면서 첫인사를 하는데, 대부분 각종 명언과 인문고전 제목을 열거하면서 자기소개를 한다. 대부분이 이지성, 강신주 작가 등에게 많은 영향을 받은 인문고전 마니아들이다. 이 연구회를 주관하는 한 선생님은 니체, 공자, 맹자, 키에르 케고르 등이 한 명언을 줄줄 읊으셨다. 어떻게 명언을 외워 조리 있게 말하는지 정말 신기했다. 나는 이 선생님의 노하우를 전수받아 '서울대 선정 만화 인문고전 50선'을 구입하자고 학교 측에 이야기했다. 그러고는 2개 교실에 각 25권씩 비치해서 아이들과 함께 읽었다.

니체의 『차라투스트라는 이렇게 말했다』를 시작으로 사마천, 루소, 뉴턴, 존 로크, 신채호, 애덤 스미스, 최제우 등 총 50여 편의 인문고전 만화를 차례로 읽었다. 나는 좀 어렵게 느낀 고전도 아이들은 즐겁게 읽었다. 많은 독서전문가가 고전은 원문으로 읽어야 한다고 말한다. 하지만 첫 시작은 학습만화로 전체 뼈대를 잡으면 좋다.

나는 늦깎이 독서가라서 아이들처럼 학습만화를 좋아한다. 다소 어려운 개념도 쉽게 이해할 수 있기 때문이다. 나무를 보기 전에 숲을 본다고 생각하면 된다. 세계적인 동기부여가 브라이언 트레이시는 이를 가리켜 '헬리콥터 뷰'라고 했다. 나는 학습만화가 '헬리콥터 뷰'를 한다고 생각하기에 아이들에게 권장하는 편이다. 조선시대 왕 이야기를 다룬 『박시백의 조선왕조실록』, 과학과 인물 중심의 「Why」 시리즈, 삼국지, 초한지, 수호지 등은 어른인 내가 읽어도 재미있다.

대한민국 영재 1호로 알려진 푸름이의 아빠이자 푸른닷컴 운영자 최희수 씨에게는 2명의 자녀가 있다. 그중 둘째인 초록이는 학습만화로 맥을 잡고 살을 붙이는 식으로 학습했다고 한다. 무엇이든 자신에게 적합한 방법을 찾아 시작하는 것이 좋다.

11년간 삼성전자를 다니다 퇴직하고는 3년간 도서관에서 1만 권을 읽은 김병완은 『평생 독서』에서 이렇게 이야기한다.

"평생 독서를 실천하려는 독자들에게 가장 먼저 하고 싶은 말은 처음에는 무작정 읽으라는 것이다. 책의 바다에 자신의 온몸을 풍덩 빠뜨려 보는 것이다. 그렇게 해서 많은 책을 읽고, 접하고, 느끼고, 그 책들과 하나가 되려고 노력하는 것이다."

일단 시작하자. 그러면 귀한 선물이 반드시 있을 것이다.

05.
지금 당장 독서록을 버리게 하라

"제1회 '청소년미디어페스티벌' 초등부문 UCC 최우수상은 바로 '민정이의 위대한 하루'입니다. 축하드립니다."

2013년 11월 16일은 광명시민회관 대공연장에서 당시 주인공을 맡았던 민정이의 이름이 호명되던 멋진 날이다. 광명시립청소년문화의집이 주관한 제1회 대한민국 청소년미디어페스티벌의 주제는 '생명 존중'이었다. 나는 공모전을 보자마자 반드시 출품하고 싶었다. 어떤 스토리로 엮어 나갈까 고민하다 그동안 감명 깊게 읽은 책들을 빠르게 훑어보았다. 내가 쓴 독서기록도 하나씩 읽어 보았다. 그러다 좋은 콘셉트를 발견했다. 바로 앤디 앤드루스의 『폰더 씨의 위대한 하루』다.

『폰더 씨의 위대한 하루』 줄거리를 간략히 요약하면 이렇다. 현실을 감당하기 어려운 한 가장이 주인공이다. 차 사고가 난 그는 7명의 유명 인사에게서 삶의 교훈을 얻는다. 트루먼 대통령, 솔로몬, 육군 대령 체임벌린, 콜럼버스, 안네 프랑크, 링컨 대통령, 대천사 가브리엘 등을 만난 뒤 자신이 나아가야 할 방향을 알게 되고, 용기를 북돋는 내용으로 구성되어 있다.

이지성의 『지금부터 행복해지는 일』도 구성이 비슷하다. "사는 게 왜 이렇게 힘들까. 무엇을 위해 이렇게 애쓰고 있는 걸까. 쉽게 되는 일이 하나도 없다. 몰아치는 일 속에 나는 없고, 사람들과 부딪치는 일도 지친다. 그냥 멀리 떠나고 싶다. 대체 어디서부터 뭐가 잘못된 거지? 난 그저 행복해지고 싶을 뿐인데!" 이렇게 고민하던 주인공은 정주영, 오프라 윈프리, 커넬 샌더스, 존 템플턴, 메리 캐이 애시, 파블로 카잘스, 유일한 박사 등을 만나면서 변화되는 자신을 발견한다.

이렇듯 둘 모두 7명의 멘토를 만나는 여행기를 스토리텔링으로 엮은 감동적인 책이다. 나는 영상을 이런 위인들을 만나는 시간여행으로 제작하고 싶었다. 나는 스토리에 필요한 상황들을 적기 시작했다. 영상 공모전은 10분 이내로 시간이 정해져 있었기에 7명은 시간상 부족했다. 그래서 고민 끝에 3명의 멘토를 만나 인생이 변화되는 것으로 전체적인 그림을 그렸다.

3명의 멘토는 누구로 할지 고민하다 내 인생에 영향을 준 위인 중에서 찾기로 했다. 그런 다음 인물들을 선정했다. 아인슈타인, 오프라 윈프리, 링컨 대통령 이렇게 3명을 선정하고 스토리를 구상했다. 총 5개의 주제로 정했다. 각 멘토에게 핵심적인 삶의 지혜를 듣고 편지를 받은 뒤, 현실에 돌아와서는 새로운 인생을 살아가는 스토리다.

단계	주제	내용(상황)
도입	존중받지 못한 삶 때문에 자살을 선택	세상에 혼자라고 느끼는 민정이에게 그 누구도 따뜻한 존중의 눈길을 주지 않는다. 그래서 결국 자살을 결심하고 도로에 뛰어들지만 강력한 빛에 의해 어딘가로 이동한다.
전개	아인슈타인과 만남	1899년으로 이동하여 첫 번째 멘토인 아인슈타인을 만나다. 그의 어릴 적 이야기를 함께 나누면서 '자신을 사랑하라'는 첫 번째 편지를 받는다. 편지를 받자마자 다시 어딘가로 이동한다.
	오프라 윈프리와 만남	두 번째 멘토인 오프라 윈프리를 만나다. 그녀의 어릴 적 어려웠던 이야기를 함께 나누면서 '작은 것에 감사하라'는 두 번째 편지를 받는다. 편지를 받자마자 다시 어딘가로 이동한다.
	링컨과 만남	세 번째 멘토인 링컨과 만나다. 그와 함께 이야기를 나누면서 '용서하는 마음으로 사세요'라는 세 번째 편지를 받는다. 편지를 받자마자 다시 어딘가로 이동한다.
결말	민정이의 힘찬 발걸음	현실로 돌아온 민정이는 3명의 멘토에게서 받은 편지를 읽는다. 세상 속 변화의 중심은 바로 '나'라는 사실을 깨닫고, 어려운 환경을 이겨 낼 수 있다는 자신감을 갖는다. 세상을 향해 힘찬 발걸음으로 뛰어간다.

나는 가끔 네이버에서 '민정이의 위대한 하루'를 검색해서 영상을 보고는 한다. 그리고 마지막에 민정이가 던지는 메시지를 가슴속에 깊이 새긴다. "변화의 중심은 누구도 아닌 바로 '나'입니다."

독서를 이야기하다 갑자기 왜 영상 이야기를 하는지 궁금할 것이다. 중요한 것은 책을 읽지 않았다면 '민정이의 위대한 하루'도 만들지 못했을 것이고, UCC 공모전에서 최우수상도 받지 못했을 것이다. 독서가 새로운 장르로 재탄생된 것이다. 이처럼 독서를 하다 떠오른 수많은 아이디어가 새로운 발명이나 발견으로 이어지기도 한다. '발명왕 에디슨의 모든 아이디어는 소크라테스의 아이디어다'라는 말도 있지 않은가?

이제 독서록을 언급하겠다. 책 읽기를 싫어하는 아이들의 첫 번째 이유는 바로 '독서록' 때문이다. 구근희, 김성현의 『초등 독서 바이블』에 제시된 초등학생 800명을 대상으로 한 설문조사에 따르면, 38%의 학생들은 독서록 때문에 책 읽기를 싫어한다. 무조건 독서록을 쓰라고 하니 독서에 '독'자도 싫단다. 선생님과 부모가 시키니 어쩔 수 없이 하지만, 단순히 책 내용 중 일부를 베끼는 것에 지나지 않기에 점점 독서가 싫어진다는 것이다. 우리 반 어떤 아이는 이렇게도 말했다. 독서록을 써도 엄마, 아빠, 선생님 등 아무도 읽지 않는다고 말이다. 그러면서 "선생님, 그렇게 독서가 좋다고 하면서 왜 정작 어른들은 독서를 하지 않죠? 그리고 독서록도 마찬가지예요. 쓰면 좋다고 하시는데 왜 먼저 몸소 보여 주시지 않나요? 그래서 저는 정말 이해가 되지 않아요." 순간 뜨끔했다. 그리고 정말 많은 고민이 되었다. 혹시 내가 아이들을 책에서 멀어지게 하고 있었던 것은 아닐까?

이때 만난 책이 바로 『좋은 엄마가 좋은 선생님을 이긴다』다. 저자인 인젠리는 16년간 쓴 교육일기를 바탕으로 이론과 실전을 접목한 자녀교육법을 '인성편'과 '공부편' 2권으로 담아냈다. 2010년 중국 자녀 교육 분야에 새로운 지평을 열었다는 평을 받았고, 우리나라에는 2012년에 출판되어 많은 호응을 얻었다. 나는 그 2권을 최소한 1년에 두 번씩은 읽는다. 매번 읽을 때마다 새로운 교육적 관점을 갖게 하는 책이다.

책에는 '나쁜 숙제'가 나온다. '나쁜 숙제'가 아이들을 배움에서 멀어지게 한다는 것이다. 순간 '독서록'이 떠올랐다. 물론 독서록이 나쁘다는 말은 아니다. 하지만 잘못된 접근으로 제시된 숙제는 '나쁜 숙제'로 이어질 가능성이 높다. 다음 날 억지로 하는 '독서록'을 그만두겠다고 선언했다.

독서는 'Input(넣는)' 독서로 시작해서 'Output(꺼내는)' 독서로 전이된다. 아이들의 수준과 관심에 따라 접근을 달리하면 누구나 독서를 즐길 수 있다. 그동안 'Input(넣는)' 독서를 하느라 바빴다면, 독서의 힘을 체험한 이제는 'Output(꺼내는)' 독서를 할 때인 것이다.

우리 반 한 아이는 독서를 하다 느낀 감흥을 이렇게 감사노트에 적어서 나에게 큰 감동을 주었다.

"가슴속으로 느끼는 일이 많은 요즘이다. 내 마음속에 있는 성공이 조금씩 터지는 걸 느끼고 있었다. 그중 오늘 적지 않은 양이 터진 것을 느꼈다. 평범한 하루지만 여러 가지 느낌이 나를 붙잡았다. 그래서인지 집에서 그냥 울었다. 뭘 깨닫고 감동한 것 같은데 그게 무엇인지 모르겠다. 하지만 곧 알아낼 거라고 믿는다.
독서는 정말 삶을 좌지우지하는 것 같아요!"

06.

아이들은 바보가 아니다

나에게 2016년은 잊지 못할 해다. 하나의 선물만으로도 충분히 감동인데, 일주일간 무려 네 가지의 인생 선물을 받았다. 독서를 포함해서 교육, 신앙, 육아에서 얻은 '작은 이해'(깨달음이라고 하기에는 교만한 듯해 '작은 이해'로 칭했다)가 그것이다.

나는 아이들에게서 잠재력을 이끌어 내려는 사명감을 가지고 교육한다. 그동안 나름의 교육 철학에 따라 교육에 임했다. 그럼에도 무언가 2% 부족한 마음이 들고는 했다. '이 허전함은 무엇일까?'를 부단히 생각하고 또 생각하며 12년 동안 지내 왔다. 남들과는 다르게 교육하고 싶었다. 그래서 미술, 영상, 노래, 방송, 독서, 인성교육 등 다양한 분야를 접했지만 허전함은 늘 그대로였다. 그러던 중 우연히 김종원의 『사색이 자본이다』를 읽었다. 거기서 내 뇌리를 스치는 대문호 프란츠 카프카의 문장을 발견했다.

"일상이 우리가 가진 인생의 전부다."

'일상이라……. 일상, 일상, 일상…….' '일상'이란 단어가 계속 머릿속에서 맴돌았다.

2016년 1월 31일 네이버 블로그씨는 이렇게 질문했다. "지난 100년간 지구상에서 가장 위대한 인물은?" 이 질문에 대답을 생각하다 문득 프란츠 카프카의 명언이 떠올랐다. 나는 블로그에 이렇게 글을 썼다.

> 지구상에서 가장 위대한 인물은 바로 '나'입니다. 지난 100년간 태어나서 죽은 우리 모두가 바로 가장 위대한 인물이라고 말씀드리고 싶습니다. 더 중요한 것은 바로 지금 거울 앞에 있는 '나'가 '내가 생각하는' 가장 위대한 인물이라는 것! 오늘 김종원 작가의 『사색이 자본이다』를 읽고 정말 많은 것을 느꼈습니다. 그중 프란츠 카프카의 말을 가슴속에 새겨봅니다. "일상이 우리가 가진 인생의 전부다."
> 사소한 일상은 없는 것 같습니다. 지금의 일상에 최선을 다해 사는 제가 되고 싶습니다.

이렇게 글을 쓰면서 '아! 내 일상도 중요하듯 우리 반 아이들의 일상도 중요하구나. 아이들의 일상 속으로도 한번 들어가 보자.'고 생각했다.

밤 12시에 자리에 누웠는데 아침 6시까지 잠이 오지 않았다(그날은 개학하는 날이었다). 아이들의 일상은 어떨지 너무 궁금해서 도저히 잠을 이룰 수가 없었기 때문이다. 잠이 너무 오지 않아 새벽 2시경 거실로 나가는데, 아내도 따라 나왔다. 우리는 1시간 동안을 이야기했다. 어느새 나는 울고 있었다. 눈시울이 빨갛게 될 정도로 울고, 또 울었다. 책을 보고 느낀 일상의 깨달음을 아내와 나누면서 더욱 확신이 들었다. '모든 아이의 일상이 소중하다는 것!' 그 단순한 문장 하나가 내 가슴을 계속 울리고 있었다.

나는 2016년 2월 2일을 잊을 수가 없다. 아이들의 일상이 소중하다는 것을 강력히 느끼는 체험을 했기 때문이다. 언제나처럼 쉬는 시간에 아이들은 나를 둘러싸며 질문을 하고 있었다. 그중 재석이가 몽당연필을 나에게 보여 주었다. 평범한 일상이었지만, 한편으로는 프란츠 카프카의 말이 살아 숨 쉬는 순간이었다. '왜 재석이는 저것을 만들었을까? 아하! 저것을 진정으로 원하는구나! 아이들은 원하는 것에 반드시 의미를 담는구나!' 머릿속으로는 알고 있었지만 이렇게 가슴으로 느끼기는 처음이었다. 신영복은 『처음처럼』에서 "인생의 가장 먼 여행은 머리에서 가슴까지의 여행이라고 합니다. 냉철한 머리보다 따뜻한 가슴이 그만큼 더 어렵기 때문입니다."라고 말했는데, 그 의미를 깨닫는 순간이었다. 어른에게는 하찮게 보이는 몽당연필이지만, 재석이에게는 소중한 추억이다. 그래서 재석이에게 양해를 구하고 사진을 찍었다. 지금 이 순간을 사진으로 남겨 두지 않으면 언젠가는 기억에서 사라질 것이기에 나는 아이들의 일상을 하나하나 남겨 주고 싶었다. 그들의 일상을 최대한 사진과 글로 기록하여 교사인 내가 일상을 더욱 소중하게 만들어 주고 싶다는 생각이 들었다. 교사들이 운영하는 블로그를 보면 대부분 학습 활동 위주의 내용이 많은데, 나는 아이들의 일상이 그 어떤 프로그램보다 소중했기에 그것을 담고 싶었다.

이어서 혜원이가 한 권의 공책을 들고 왔다. 표지에 어여쁜 여자아이 얼굴이 있는 공책이었다. 공책에 그려진 여자아이 얼굴이 나와 비슷하다고 했다. 으쓱한 표정으로 "아! 선생님이 이 여자아이처럼 예쁘구나!" 하고 말하자 "선생님! 무슨 말씀을 그리 하세요? 이 친구 얼굴이 선생님처럼 네모잖아요. 하하하"라고 대답했다. 나 역시 혜원이와 함께 웃었지만 동시에 눈시울이 붉어졌다. 나는 그동안 아이들의 관점에서 바라본 것이 아니라 어른인 교사의 관점에서 아이들을 판단하고 행동을 했던 것이다.

2016년 2월은 그동안 아이들을 가르치면서 가장 많이 눈물을 보인 달이다. 그동안의 미안함을 담은 참회의 눈물이었다. 수업하다 울고, 도서관에서 울고, 아이와 이야기하다가도 우는 등 나의 눈물샘은 마를 줄을 몰랐다. 지니는 당시 내 모습을 이렇게 표현했다.

> "선생님이 요즘 많이 감동받으셨나 봐요. 그래서 요즘 많이 우시고 전보다 많이 달라지셨어요. 어떤 점이냐면 선생님이 우리들의 생활을 전보다 더 꼼꼼하게 보더군요. 그래서 선생님이 우실 때마다 저도 선생님한테 많이 감동해요. 그리고 요즘 선생님이 위인 같아요. 선생님! 위인이 아니어도 좋아요."

내가 깨달은 교육적 관점 중 '일상의 소중함'은 작은 부분에 불과하

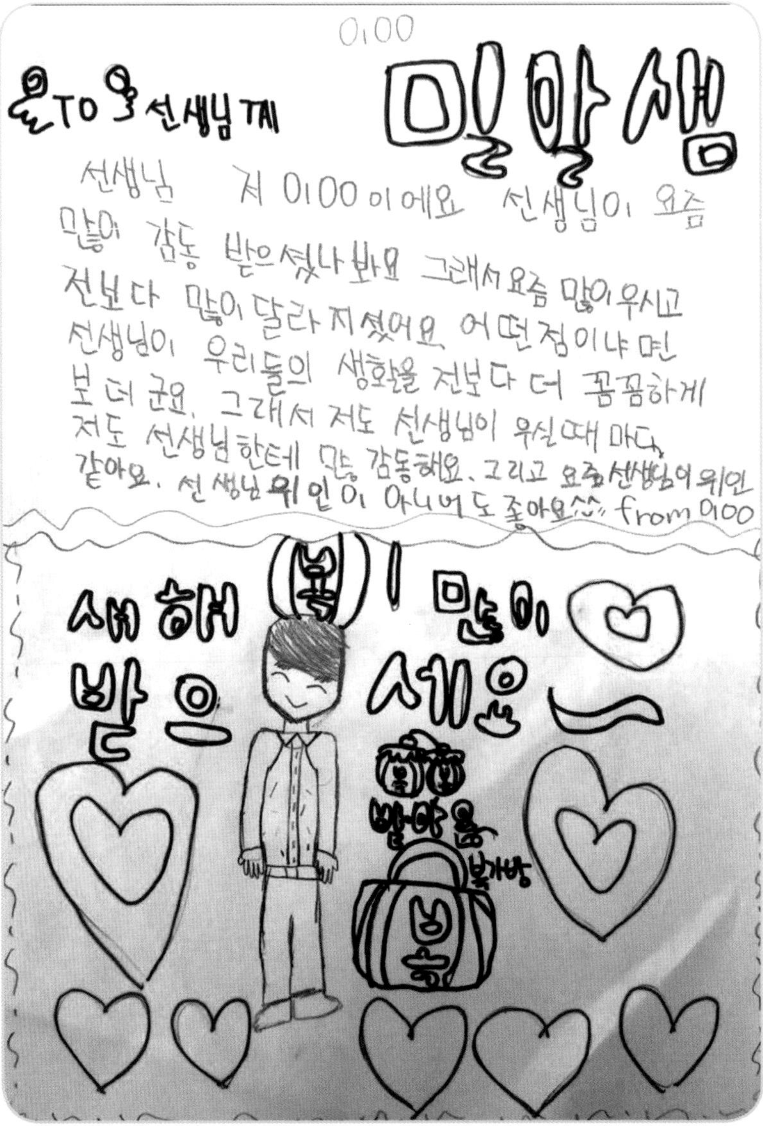

O|OO
TO 선생님께
선생님 저 O|OO이에요 선생님이 요즘 많이 감동 받으셨나 봐요 그래서 요즘 많이 우시고 전보다 많이 달라지셨어요. 어떤점이냐면 선생님이 우리들의 생활을 전보다 더 꼼꼼하게 보더군요. 그래서 저도 선생님이 우실때 마다 저도 선생님한테 많이 감동해요. 그리고 요즘 선생님이 위인 같아요. 선생님 위인이 아니어도 좋아요 from O|OO
새해 복! 많이 받으세요~
복 받아요
복가방
복

지만, 강력한 느낌은 이 글을 쓰는 지금도 생생하다.

"칼 융은 타고난 모습 그대로의 자연스러운 아이를 가리켜 '원더풀 아이'라고 불렀다. 왜냐하면 원더풀 아이는 우리의 탐험에 대한 타고난 잠재력을 가지고 있거나 경이로움, 창조적인 존재가 될 수 있는 모든 요소를 가지고 있기 때문이다." 존 브래드쇼는 『상처받은 내면아이 치유』에서 아이들이 가진 위대한 힘을 이렇게 표현했다. 모든 아이가 '원더풀 아이'라는 사실을 기억하면서 그들을 대한다면 더 무한한 사랑을 줄 수 있지 않을까? 최희수는 『내면 아이』에서 '무한계 인간'을 언급했다.

"무한계 인간은 내면에 억압된 감정이나 불안감이 없이 자유롭고 평온하게 살면서 최고의 성취를 이루어 낸 가장 인간적인 사람입니다. 모든 아이는 동시에 여러 가지 정보를 처리하는 '무한계 인간'으로 태어납니다. 부모가 아이를 어떤 시각으로 바라보느냐에 따라 아이는 부모의 한계에 갇힐 수도 있고, 부모의 한계를 뛰어넘어 크게 성장할 수도 있습니다."

'원더풀 아이', '무한계 인간'이란 단어를 보니 더욱 아이들을 위대하게 바라봐야겠다는 생각을 했다. 엄마표 영어교육으로 알려진 『닥치고 군대 육아』의 저자 김선미는 이렇게 이야기한다.

"녀석을 고쳐 주어야 한다 생각하고 바라볼 땐 녀석의 모든 행동이 오답이었는데, '녀석이 정답이다'는 눈으로 바라보니 녀석의 모든 행동이 위대하다." 관점의 차이가 얼마나 아이의 미래에 영향을 미치는지 보여 주는 대목이다.

우리 아이들은 원래 천재다. 바보가 아니다. 천재로 태어났는데 관점의 틀이 너무 작은 어른 때문에 그 정도밖에는 보이지 않았던 것이다. 그래서 관점의 틀 자체를 없애야 한다. 그러면 누구도 문제아가 아닌 위대한 아이로 보일 것이다. 삼중고를 이겨 낸 헬렌 켈러, 태어날 때부터 장애를 지닌 닉 부이치치, 어렸을 때부터 많은 비난과 어려움을 겪은 아인슈타인 등 수많은 위인은 관점의 틀에 얽매지 않았기에 위대한 인물로 자라지 않았는가!

일상의 소중함을 깨달은 뒤로 우리 반 아이들을 더욱 자세히 관찰했다. 신기하게도 문제로 여겨지던 모든 일이 어느 순간 말끔히 해소되었다. 아이들은 문제가 없었던 것이다. 내 관점이 문제였던 것이다. 관점을 바꾸니 아이들은 다른 사람으로 다시 태어났다. 내가 쓴 색안경을 벗으면 그만이다. 색안경을 계속 고집했기에 제대로 볼 수 없었던 것이다. 색안경을 벗어 버리고 아이들을 있는 그대로 바라보자. 그러면 그들의 위대함을 느낄 수 있을 것이다. 우리도 김종원 작가가 이야기한 새로운 안경을 매일 써 보면 어떨까?

"만나는 사람이 늘 같다고, 보는 환경이 늘 같다고, 그렇게 어제와 같은 오늘을 늘 반복한다고 불평하기보다는 매일 새로운 안경을 쓰고 바라보는 것이 중요하다. 어제의 안경은 버리고 새로운 안경을 쓰고 다르게 보는 자세가 필요하다. 매일 새로운 안경을 쓰고 세상을 바라보면, 같은 장소에서 가만히 앉아 있다고 해도 세상을 안을 수 있게 된다. 자꾸만 떠나려고 생각하는 것은 옳지 않다. 중요한 건 여기 이 자리에 머무는 것이다. 답은 언제나 지금 내가 살고 있는 이곳에 있기 때문이다."

인문독서
톡! Talk?

책 읽는 아이들 : 책에 의미를 더하다

어느 날 인호의 메시지가 학급 밴드에 게시되었다. 그의 비장함에 가슴이 떨렸다.

"선생님 저 인호입니다. 저도 한번 『48분 기적의 독서법』을 읽고 체험해 보고 싶습니다. 저도 한번 책에 미쳐 보고 싶습니다. 또 선생님이 받은 느낌을 받아 보고 싶고……. 그래서 저는 실천에 옮기고자 생활계획표를 짰습니다. 그리고 핸드폰에 있는 게임을 삭제했습니다. 이렇게 실천을 하면서 선생님께서 느끼신 '그 느낌'을 반드시 저도 받아 보고 싶습니다."

인호는 독서의 필요성을 전혀 느끼지 못한다고 말한 아이였다. 그래서 이 고백이 나에게 준 기쁨은 이루 말할 수가 없었다. 나는 이 게시글을 바로 캡처해서 프린트했다. 이 아이의 열정을 나 역시 본받으려고 말이다.

당시 나는 김병완의 『48분 기적의 독서법』을 읽고 있었는데, 우리에게는 독서가 절대적으로 필요하다는 사실을 인식하게 되었다. 그 느낌을 아이들에게 이야기하면서 수업 도중 수없이 많은 눈물을 흘렸다. 눈물까지 흘리는 내 모습을 보고 인호의 마음이 움직인 것이다. 저녁에 인호는 어머니와 함께 서로 부둥켜안고는 울었다고 한다. 그날 저녁 인호 어머님께서는 긴 장문의 문자를 보내왔다.

"선생님 너무 감사하다는 말씀밖에 드릴 게 없네요. 인호는 퇴근하던 저에게 선생님이 하신 말씀을 들어 보니 엄마가 잘못되었다며 늘 불평불만을 늘어놓던 아이였어요. 컴퓨터 게임과 핸드폰 게임 생각에 자면서도 게임에 필요한 것을 외우던 인호였는데. 그런데 오늘 퇴근하니 "엄마, 계획표 짰어요."라며 신발장에 붙여 놓은 것을 보여 주더군요. 그러고는 책상에 써 놓은 다짐의 글도 보여 주었어요. 제가 식탁 위에 놓고 간 『48분 기적의 독서법』을 읽다가 '나도 한번 해 보자'고 생각했대요. 이렇게 혼자서도 잘하는데, 그동안 게임한다고 소리치던 것을 생각하니 쥐구멍이라도 들어가고 싶네요. 이렇게 이끌어 주신 선생님, 너무 감사합니다. 이 모든 것이 믿어 주신 선생님 덕분입니다. 정말 감사합니다. 인호에게 미안하다고 울면서 진심으로 사과했습니다. 저도 인호와 같이 책을 읽으며 현명한 엄마가 되겠습니다."

지금 이 모자는 독서로 인생이 조금씩 변화되는 것을 몸소 체험하고 있다. 가끔 인호 어머님이 보내오는 문자에서 그 변화를 느낄 수가 있다. 나는 종종 학부모와 상담을 할 때 이런 질문을 받는다. "우리 아이는 책 읽기를 싫어하는데 방법 좀 없나요?", "선생님께서 책 좀 읽으라고 말해 주세요. 제 말은 안 들어도 선생님 말씀은 곧잘 듣거든요."

이때마다 나는 슈바이처의 명언으로 대답을 대신하고는 한다. "아이들은 세 가지를 통해 배운다고 합니다. 바로 본보기를 통해, 본보기를 통해, 본보기를 통해. 어머님께서 책 읽기를 좋아하고, 삶에서 실천하는 모습을 보여 주는 것만으로도 가장 좋은 교육이 됩니다. 지금 이 순간부터 실천해 보세요."

나는 억지로 하는 것을 싫어한다. 아니 누구도 억지로 하는 것을 좋아할 사람은 없다. 우리 아이들도 마찬가지다. 억지로 독서를 하다 보면 정말로 독서를 싫어하게 된다. '그럼 아이가 하고 싶은 대로 마냥 두라는 말이에요?' 하고 따질 수 있는데, 전혀 그렇지 않다. 슈바이처의 말에 정답이 있다. 바로 '본보기'다. '본보기'를 보이면 아이들은 반드시 따라오게 되어 있다. 좋은 것이든, 나쁜 것이든 말이다. 그런데 여기서 한 가지 유념할 것이 있다. 좋은 것보다는 나쁜 것을 더 따라 하기가 쉽다는 점이다.

『책 읽는 아이, 토론하는 우리집』에서 저자 김성현은 책을 좋아하지 않는 아이의 세 가지 특징을 이렇게 설명한다.

첫째, 부모가 책에 관심이 없다.

둘째, 책을 좋아하지 않는 아이들은 책을 들고 있는 자체가 고문이다.

셋째, 책보다 더 큰 재미를 주는 자극적인 요소, 즉 게임, TV 등에 빠져 있다.

이래서 부모의 역할이 그 무엇보다 중요하다. 책을 좋아하지 않는 아이들에게 억지로 읽게 했다가는 책과 더욱 멀어지는 결과를 초래한다. 그런데도 여전히 아이들이 원하지 않는 억지 독후 활동을 하는 부모나 교사가 많다. 그 결과 아이들은 책과 점점 더 멀어진다. 그리고 그 자리를 스마트폰이 대신한다. 스마트폰의 영향으로 자극적인 동영상을 언제, 어디서든 접할 수 있는 우리 아이들이다. 독서가 더욱 가치 있다는 것을 느끼지 못하는 한 절대로 빠져나올 수가 없다.

2016년 4월 5일은 우리 반 아이들에게 매우 뜻깊은 날이다. 『10대, 네 안에 잠든 거인을 깨워라』를 쓴 김태광 작가에게서 친필 서명이 들어간 책을 모두 받은 것이다. 아이들은 직업이 '작가'인 사람과 처음으로 소통한다는 것에 흥분한 상태였다. 이 책을 받은 이유는 이랬다. 우연하게 도서관에서 빌린 『10대에 알았더라면 좋았을 것들』을 읽고 감명을 받은 나는 블로그에 서평을 남겼다. 그것이 인연이 되어 몇 번 연락이 오갔고, 우리 아이들의 행복한 교실 모습을 본 김태광 작가가 아이들에게 책을 선물한 것이다. 이 선물의 파급 효과는 실로 엄청났다. 독서를 싫어하던 아이들조차 책 선물을 받고 나더니 조금이나마 책에 대한 소중함을 알게 되었다. 한 작가의 선한 영향력이 얼마나 중요한지 깨닫게 된 일화다.

우리는 책을 받고 가만히 있을 수가 없었다. 그래서 책을 들고 교실 안에서, 벚꽃 나무 밑에서, 운동장에서 단체 사진을 찍었다. 그리고 감사편지를 써서 사진을 찍어 김태광 작가에게 보냈다. 우리의 감동을 글과 그림으로 표현해 그가 운영하는 카페와 내 블로그에 올렸다. 다음 날 책을 읽은 한 아이는 이렇게 말했다. "선생님! 이 책 너무 재미있어요. 어제 이만큼이나 읽었어요. 계속 보고 싶은데 엄마가 그만 읽고 자라고 해서 못 보았어요. 손에서 책을 떼지 못하겠어요. 계속 볼 거예요."

많은 아이가 이 책을 읽고 책에 재미를 느꼈다고 말한다. 이유는 단순하다. 그가 선물한 책이 아이들에게 '의미'로 다가왔기 때문이다. 작가의 친필 서명이 들어간 책을 선물받으면서 책과 아이들 간에 '의미'가 형성되었고, 그 '의미'가 독서로 연결된 것이다. 나는 이렇게 생각한다. "독서는 의미를 연결해 주는 것이 핵심이다."

나는 정말 궁금하다. 나를 변화시켜 준 것이 바로 책이라면, 그 책이 우리 반 아이들의 변화도 이끌 수 있다고 확신한다. 지금 책을 읽지 않는다고 포기하지 마라. 포기만 하지 않으면 반드시 아이들은 돌아온다. 아이들 속에는 책을 읽고 싶어 하는 잠재력이 있다. 그 잠재력을 발견하는 순간 책과 함께 행복한 여정을 함께할 수 있을 것이다.

| 2부 |

아이를 성장시키는 최고의 키워드 : 인문(人文)

01.
초등학교는 인문독서의 베이스캠프다

"아인슈타인이 되살아나서 우리 교실에서 특강을 한다고 합시다. 그렇다면 여러분은 몇 시까지 학교에 올 수 있나요?"

"7시요."

"저는 전날 여기서 잘 거예요."

"그렇군요. 그런데 아인슈타인은 이미 이곳에 있다고 하네요. 누군지 아세요?"

"……."

"바로 옆에 있는 친구랍니다."

"에이, 선생님 무슨 그런 말씀을 하세요?"

"그도 여러분과 같은 시절이 있었을 거예요. 그가 여러분 나이 때 어땠는지 아세요?"

"공부도 못하고, 친구 관계도 좋지 않았다고 들었어요."

"네, 맞아요. 그래도 수학과 과학 수업은 좋아했어요. 여러분이 아는 것처럼 학교에 잘 적응하지 못하는 소년이었기에 결국 학교를 그만두었지요. 하지만 뇌를 바꾸는 독서를 통해 그는 인생이 변화되었다고 고백했습니다. 여러분 학교에 적응하지 못하는 친구가 있으면 놀리면서 따돌려야 할까요? 아니면 그런 친구가 제2의 아인슈타인이 될 수 있다는 생각을 갖고 존중해야 할까요?"

"존중해야 합니다."

"그럼 여러분이 이야기한 대로 행하면 됩니다. 그리고 먼저 다가가 그 친구에게 손을 내밀어 주세요!"

나는 학기초가 되면 아이들에게 다양한 위인 이야기를 들려준다. 위인 이야기는 우리 주변의 이야기가 될 수 있는데, 학교에 적응하지 못하는 아이들이 조금이나마 자신의 의미를 깨닫게 하기 위해서다. 그리고 그것을 가능하게 하는 한마디를 던진다. "그들이 어려운 환경을 뛰어넘을 수 있었던 것은 독서가 있었기 때문입니다. 책은 배신하지 않아요. 나의 유일한 친구가 될 수 있어요. 때로는 위로자가 되기도 한답니다."

독서. 무엇보다 초등학교 때 하는 인문독서는 엄청난 파급 효과를 미치기 때문에 나는 그 무엇보다 독서를 강조한다. 정작 나는 초등학교 때 독서를 하지 못했지만 말이다. 책을 읽지 않았으니 수많은 위인이 독서로 변화되었다는 사실도 알지 못했다. 랄프 왈도 에머슨은 "책을 읽는다는 것은 많은 경우에 자신의 미래를 만드는 것과 같은 뜻이다."라고 했다. 그만큼 독서는 우리 미래와 밀접하다.

"초등학교 시절에 읽은 책이 그 사람의 인생을 결정한다." 미국의 교육과학연구소가 2002년 발표한 보고서에 따르면, 미국 사회를 이끈 위대한 지도자들은 초등학교 시절에 많은 책을 읽었다는 공통점이 있다. 물론 초등학교 시절에 많은 책을 읽으면 반드시 위대한 지도자가 된다고 할 수는 없지만, 중요한 것은 독서가 인생에 큰 영향을 미친다는 점이다.

학교마다 다르겠지만 대부분이 학기초에 학부모 공개 수업과 학부모 상담 주간을 실시한다. 내가 재직한 학교에서는 3월 초는 아이를 파악할 시간이 부족하기에 5월에 실시했다. 학부모 상담 주간에는 1:1 상담으로 1회당 20분간 시간이 주어진다. '20분이라니!' 상담해야 할 학생 수가 많아서 시간을 정한 것은 이해하나, 20분은 충분한 이야기를 나누기에 부족하다고 생각해서 학부모에게 문자를 보냈다.

"16일 14시 30분부터 1~2시간 정도는 희망자에 한해서 1반 부모님을 모시고 집단 상담을 했으면 합니다. 부모님들께서 궁금해하시는 부분이 자녀교육 방법과 학급, 인성교육 등으로 중복되기에 서로 이야기를 나누면서 나의 고민이 남의 고민과 다르지 않음에 공감하고 함께 나누는 것만으로도 많은 의미가 있기 때문입니다. 다음으로 자녀 개개인에 궁금한 점은 1:1 상담을 신청해 주시면 성심성의껏 답변하겠습니다."

당시 10명의 학부모와 집단 상담을 진행했는데, 간단히 인사를 나눈 뒤 이렇게 질문했다. "초등학교 5학년으로 다시 돌아간다면 무엇을 가장 하고 싶으신가요?" 대답은 두 가지로 나뉘었다. 마음껏 놀고 싶거나 마음껏 공부하고 싶다는 의견이었다. 이어서 말했다.

"아이들의 마음도 부모님들과 마찬가지일 겁니다. 마음껏 놀고 싶기도 하고, 공부하고 싶기도 하지 않을까요? 아이도 부모와 똑같은 마음을 갖고 있는 사람입니다."

이어서 나라면 어땠을까를 이야기했다. "저는 초등학교 5학년으로 되돌아간다면, 마음껏 독서만 하고 싶습니다." 한 학부모는 "정말요?"라며 반신반의했지만, 나는 진심이었다. 박경철과 안철수는 중학교 때 도서관에서 살다시피 할 정도로 독서광이었다고 한다. 독서로 제2의 인생을 산 이지성, 안상헌, 김병완, 정회일, 오프라 윈프리, 헬렌 켈러 등의 마음을 조금이나마 더 알고 싶었다. 지금 나는 딸 쌍둥이 아빠이자 한 아내의 남편으로서 가장의 막중한 임무를 지고 있기에 온전히 독서에만 몰입할 수는 없지만, 시간이 주어질 때마다 독서에 전념하고 있다. 왜 수많은 책제목이 '○○했더라면'인지 깊이 생각해 볼 만하다.

『10대에 알았더라면 좋았을 것들』, 『스무살에 알았더라면 좋았을 것들』, 『이 모든 걸 처음부터 알았더라면』, 『그때 알았더라면 좋았을 것들』 등 과거로 회상하는 책이 쏟아져 나오는 이유를 조금이나마 이해하면 지금 이 순간을 더욱 아끼고 사랑하며 살아갈 수 있을 것이다.

초등학교 때는 다양한 인문독서를 경험하게 하는 것이 좋다. 쉽게 접근하기 쉬운 문학부터 사회, 철학 등 다양한 책을 접하게 하는 것이다. 그러다 보면 아이가 더욱 흥미를 느끼는 분야가 반드시 생긴다. 그럼 그 분야를 더욱 깊게 독서하게 한다. 나는 이 책에서 크게 두 가지를 강조하려고 한다. 하나는 진정한 배움으로 자신을 발견하는 것과 다른 하나는 올바른 인성을 갖고 꿈과 비전을 품으며 진짜 인생을 살아가는 것이다.

스티븐 잡스는 2005년 스탠포드대학교에서 유명한 다음 연설을 남겼다.

You Can't Connect the Dots Looking Forward.

(앞을 내다보면서 점을 연결할 수는 없습니다.)

You Can Only Connect Them Looking Backwards.

(오직 뒤를 돌아보았을 때, 점을 연결할 수 있죠.)

(중략)

Because Believing That the Dots Will Connect Down the Road Will Give You the Confidence to Follow Your Heart.

(그 점들이 언젠가는 서로 연결된다고 믿으면 여러분 마음이 가는 대로 따라갈 수 있는 자신감이 생깁니다.)

Even When It Leads You Off the Well-Worn Path.

(그것이 여러분을 잘 닦인 길에서 벗어나게 할 때조차도 말이죠.)

And That Will Make All the Difference.

(그러면 그것이 삶을 다르게 만들어 줄 겁니다.)

이 연설문을 본 나는 더욱 초등독서에 대한 확고한 생각이 들었다. 책에서 얻은 다양한 경험으로 내 안에 흡수된 모든 것은 결국 미래의 점으로 연결될 것이라고 확신한다. 시드니 스미스가 말한 가장 좋은 친구인 독서와 함께 미래를 열어 가자.

"독서할 때마다 당신은 가장 좋은 친구와 함께 있다."

02.

인문독서가 아이의 삶을 변화시킨다

'가능'이 '불가능'에게 물었다.

"너는 어디에서 사니?"

그러자 '불가능'이 대답했다.

"무능하고 무력한 사람들의 꿈속에서 살아."

노벨문학상 수상자인 타고르의 이 글을 읽으면서 마치 나에게 던지는 질문처럼 느꼈다. '진수야! 너는 네 가능성을 믿니? 네가 불가능하다고 생각하는 것이 있다면 '불'자를 없애고 가능으로 만들어 봐.'

당시 나에게는 '불가능하다'고 여겨지는 것이 하나 있었다. 바로 작가가 되는 것이었다. 작가는 어느 정도 성공한 사람만 할 수 있다고 여겼기에 내가 책을 쓴다는 것은 어불성설이었다. 그러던 중 전자책 제작

법을 알려 주는 한 연수가 내 눈길을 사로잡았다. 바로 신청을 한 나는 먼 길을 달려가서 연수를 받았다. 연수의 강사인 이재훈 씨는 출판사를 통해서만 책을 출간할 수 있다는 고정관념을 깨 주었다. 그리고 자신의 능력만으로도 얼마든지 책을 출간할 수 있고, 책은 종이책만 있는 것은 아니라는 발상의 전환을 주었다. 나에게 전자책은 신세계였다. 나도 작가가 될 수 있다는 의식을 확장할 수 있는 계기가 된 소중한 연수였다. 이때 연수생은 나와 대전 지족고등학교 임진묵 선생님 단 두 명뿐이었다. 임진묵 선생님은 이미 출판 쪽에 관심이 많았었다.

시간이 한참 흘러 임진묵 선생님을 다시 만났다. 『동물원 야간개장』 책 속에서 말이다. 청소년에게는 공감의 힘을, 선생님에게는 동행하는 기쁨을, 부모에게는 아이에 대한 이해를 선물하고 싶었다며, 국어 수업 시간에 쓴 동화와 시를 엮어 출간한 것이다. 선생님은 어려운 나라의 아이들에게 동화책을 보낸다는 광고를 보고, 제자들의 동화와 시를 다른 나라에 전하고 싶어 『동물원 야간개장』을 출간했다.

"끝에서 시작하라." 이 말처럼 나는 초등 인문독서도 끝에서 시작하는 것이 중요하다고 생각한다. 끝에서 시작한다는 말은 내가 생각하는 이상향의 모습을 그리면서 독서를 하는 것이다. 즉, 의식을 계속 한곳에 집중하는 것이다. 그런데 그 의식은 내가 최종적으로 지향하는 완성된 자아의 형태를 갖춰야 효과가 있다. 그냥 단순히 책을 읽고, 그것을 느끼고, 그것에 대한 행동으로 하루하루를 살아가는 것이 아닌 내가 이루려는 모습을 정하고 책을 읽으면 전혀 느낌이 달라진다.

코이라는 물고기가 있다. 그 물고기는 작은 어항에 넣으면 5~8센티미터 정도만 자라는데, 연못에 놓아두면 15~25센티미터까지 자란다. 심지어 강물에서는 90~120센티미터까지 자란다고 하니 환경이 얼마나 큰 영향을 미치는지 새삼 일깨우는 예다. 코이의 법칙을 통해 대부분 환경이 미치는 영향력을 언급할 때, 나는 조금 다른 관점으로 코이를 바라보았다. '코이가 과연 동일한 범위의 어항이나 연못, 강물에서도 성장의 차이를 보였을까?' 절대로 이런 성장의 차이를 보이지는 않았으리라. 여기에는 코이의 특성이 잘 반영되어 있다고 본다. 코이는 환경에 따라 열심히 자신의 행동 범위를 넓힌 것이다. 그렇기 때문에 성장의 차이를 보인 것이다. 독서도 마찬가지다. 의식이 확장되는 책을 만났을 때, 내 의식의 범위 또한 더욱 확장을 갈망해야 그것을 흡수하는 효과가 나타난다. 의식의 끝을 보고 달려가는 것이다.

여기 아인슈타인과 한 엄마의 재미있는 일화가 있다. 한 엄마가 아인슈타인에게 물었다. "어떻게 하면 우리 아이를 당신처럼 위대한 과학자로 키울 수 있을까요?" 그러자 아인슈타인은 이렇게 대답했다. "아무 생각하지 말고 동화책을 많이 읽히세요." 그러자 또 다른 엄마가 물었다. "우리 아이한테 동화책을 열심히 읽히고 있는데, 다른 방법은 더 없나요?" 이번에도 아인슈타인은 이렇게 대답했다. "그래도 아직 읽을 동화책이 많이 있을 테니 더 열심히 읽히세요."

나는 이 일화를 학부모와 상담할 때마다 소개한다. 왜 아인슈타인은 동화책을 열심히 읽히라고 했을까? 여기에는 두 가지를 잡으려는 아인슈타인의 의지가 들어 있다. 하나는 의식 확장이고, 또 다른 하나는 독서 습관이다. 많은 부모는 자신의 아이가 세상의 빛과 소금의 역할을 하기를 원한다. 성장하는 모습을 눈으로 보고 싶어 한다. 그래서 아이를 더욱 배움의 길로 억지로 미는 것이다. 목적은 내 아이가 더 큰 인물이 되기를 바라기 때문이라고 하지만, 의식의 틀이 고정된 채로 떠밀리는 아이는 성장은커녕 오히려 역효과를 보인다.

코이를 '아이의 의식'이라고 생각하면 쉽다. 더 큰 세상을 보여 준다고 하더라도 아이 의식의 틀이 어항처럼 고정되어 있다면 그 아이는 절대 성장다운 성장을 할 수 없다. 나는 사교육이 바로 이런 딜레마를 겪고 있다고 여긴다.

여기 두 학부모가 있다. 한 학부모는 아이와 독서 활동을 많이 했다. 학교 성적은 그럭저럭하지만, 아이 독서 습관을 기르는 것이 더 중요하다고 생각했기에 크게 걱정하지는 않았다. 오히려 아이에게 "너는 잘하고 있다."라며 계속 격려했다. 그래서 아이도 더욱 책 읽기를 좋아하게 되었다. 어느 날 아이는 엄마에게 수학만이라도 학원에서 배우고 싶다고 부탁했다. 아이와 대화하면서 사고가 예전보다 깊어지고 확장된 것을 느낀 엄마는 기쁜 마음으로 수학 학원에 등록해 주었다. 그 결과 아이는 책 읽는 즐거움과 성적이라는 두 마리 토끼를 잡게 되어 지금은 고등학교에서 전교 상위권을 유지하고 있다.

다른 학부모도 아이와 독서 활동을 많이 했다. 하지만 아이 의견을 무시한 채 사교육으로 아이를 밀어 넣었다는 차이점이 있다. 아이는 학원에 가는 것을 싫어하다 못해 점점 배움의 길과는 멀어지게 되었다. 즐겨 읽던 책조차 중학생이 된 뒤로는 부모가 읽지 못하게 하여 책과 멀어져 갔다. 지금은 아이도 힘들고, 부모도 힘든 나날을 보내고 있다. 물론 둘의 차이가 절대적이라고 할 수는 없지만, 우리에게 시사하는 바가 크다.

당장 눈앞에 보이는 성적만 연연하다 보면 인생의 끝을 볼 수가 없다. 상담하다 보면 부모도 성적이 다가 아니라는 것을 잘 안다. 하지만 그것이 내 아이에게 국한되면 점점 이야기가 성적 위주로만 흘러간다. 이때마다 부모에게 이렇게 말하곤 한다.

"어머니의 삶에서도 알 수 있듯이 성적이 다가 아님을 아실 거예요. 오히려 독서를 통해 두 마리 토끼를 잡으실 수 있습니다. 아이 의식을 먼저 확장시켜 주세요. 그것의 핵심은 독서 습관에 있습니다. 우리가 알려 줄 수 있는 범위는 한정되어 있지만, 책 속에는 수많은 세상의 지혜가 담겨 있습니다. 당장 눈앞에 보이는 시험 성적에 연연하기보다는 10년, 30년, 50년 뒤 어떤 것이 가치 있는 일인지 생각해 본다면 독서는 반드시 함께 가야 할 동반자입니다."

나는 아이 의식을 확장시키는 것도 중요하지만, 지금 이 글을 읽고 있는 부모, 교사 등 어른의 의식을 확장시키는 것이 더 중요하다고 생각한다. 자신이 코이가 되어 더 넓은 안목으로 아이를 제대로 볼 수 있기 때문이다. 지금부터 내 의식을 확장시킨 3권의 책을 소개한다.

첫 번째 책은 사토 미쓰로의 『하느님과의 수다』다. 이 책을 읽고 나는 많은 것을 깨달았다. '나는 이미 행복한 사람이다.', '상식 속에서 나는 살고 있다.', '현실이란 내가 믿은 대로 보이는 환상일 뿐이다.', '내가 믿으면 그게 무엇이든 모두 현실이 된다.', '감사란 행복해지기 위한 도구가 아닌 일어나는 일을 전부 인정하는 행위다.'

두 번째 책은 김상운의 『왓칭』이다. 이 책은 딸 쌍둥이를 기르는 나에게 많은 도움을 주었다. 내 안에서 일어나는 화를 관찰자 시점으로 보는 것이 얼마나 중요한지 알게 되었고, 다양한 사례는 내 고정관념을 완전히 깨뜨려 주었다. 특히 부정적 감정이 일어날 때마다 "이건 분노야.", "이건 불안이야.", "이건 스트레스야." 등으로 딱지를 붙여 관찰자 시점에서 객관적으로 바라볼 수 있는 힘을 주었다. 부모로서, 교사로서, 무엇보다 내 자신을 더욱 객관적으로 바라볼 수 있는 계기를 주었다.

세 번째 책은 나폴레온 힐의 『놓치고 싶지 않은 나의 꿈 나의 인생』이다. 힐이 철강왕 앤드류 카네기와 대면한 첫 부분부터 나를 사로잡았다. 자신의 성공 철학을 20년간 연구할 각오가 되어 있는지 카네기가 물었을 때 힐은 "반드시 해내겠습니다."라고 대답한다. 결국 힐은 성공에 이르는 구체적인 행동 법칙을 발견하고 이것을 13단계로 나눠 설명하는데, 각 단계마다 내 의식이 확장됨을 느낄 수 있었다. 이 책은 『꿈꾸는 다락방』을 쓴 이지성은 물론, 『메신저가 되라』의 브렌드 버처드, 『미라클 모닝』의 할 엘로드, DID 송수용 대표 등에게도 강력한 영향을 미쳤다. 성공한 사람의 마인드, 부의 의식 등이 부족한 사람이라고 생각한다면 반드시 읽어야 할 필독서 중 하나다.

프란시스 베이컨은 "독서는 완전한 인간을 만들고, 토론은 부드러운 인간을 만들고, 논술은 정확한 인간을 만든다."라고 했다. 인문독서는 이 세 가지를 가능하게 하여 아이는 물론 여러분의 삶에도 진정한 변화를 줄 것이다.

03.

내 인생의 가장 귀한 선물은 OO이다

나는 가급적 학교에서는 지식이 아닌 지혜를 가르치고자 부단히 노력한다. 그러나 지혜를 가르친다는 말부터가 어불성설이다. 지혜는 절대 가르칠 수 없는 영역이기 때문이다. 그래서 때로는 착각에 빠지기도 한다. 지식을 가르쳤으면서 지혜를 가르친 것 같은 착각을 말이다. 삶의 지혜는 그렇게 쉽게 습득할 수 없다. 교과서에서 배울 수 있는 것도 아니다. 지혜는 지혜로운 자를 통해서만 얻을 수 있는 영광의 문이다.

"책을 읽기 전에는 불우한 가정, 새어머니의 학대, 끝없는 방황, 문제아 낙인이라는 벽 앞에 스스로 좌절했지만 이제는 좌절하지 않는다. 내 앞을 가로막은 모든 벽이 새로운 길로 안내하는 또 다른 문이라는 것을 깨달았기 때문이다. 이런 마음을 가질 수 있었던 이유는 오직 책을 읽었기 때문이다."

삶의 키워드가 부모의 이혼, 새어머니의 학대, 폭주족, 문제아, 패싸움, 가출, 우범 청소년 관리 대상, 파출소, 경찰서, 법원, 지방 전문대, 학점 1.74, 게임 중독 등이었던 한 청년이 있었다. 그 청년의 인생은 21살 군대에서 우연히 접한 한 권의 책으로 송두리째 변화된다. 지금은 독서 컨설팅 CEO이자 독서 모임 리더로서 다양한 분야에 영향력을 미친다. 한 권의 책이 다른 한 권으로 전이되면서 1년에 520권을 읽을 정도로 인생 전체가 책 때문에 변화되었다고 말한다. 이 청년이 바로 『일독일행 독서법』, 『아들러의 라이프로그 북』을 쓴 유근용이다. 독서를 통해 삶이 과거와는 전혀 다른 방향으로 흘러갈 수 있음을 보여 주는 산 증인이다.

여기 또 한 명의 청년이 있다. 이 청년 역시도 책을 읽기 전 삶의 키워드가 부모의 이혼, 누나의 가출, 자살의 위기, 우울, 외로움 등 부정적인 것으로 가득했지만, 우연히 접한 한 권의 책으로 인생이 뒤바뀌었다. 책을 만난 뒤로는 매일이 기적으로 가득하다고 고백한다. 이 청년은 바로 나다. 지금은 교사, 학생, 학부모를 위한 독서 자기계발 계획을 준비하며, 자신을 변화시킨 독서를 책으로 쓰고 있다. 나 역시 유근용 작가와 마찬가지로 독서로 인생이 변화되었고, 앞으로도 독서를 통해 더욱더 삶이 다양하게 펼쳐지기를 기대한다.

사르트르는 이런 명언을 남겼다. "모든 사람은 태어나는 순간부터 한시도 멈추지 않고 죽음을 향해 돌진한다. 절망할 수밖에 없는 우리에게 다행스러운 것은 신은 B와 D 사이의 C를 주셨다는 사실이다." 여기서 말하는 B는 Birth(탄생), D는 Death(죽음), C는 Choice(선택)를 의미한다. 사람은 태어나면서 죽을 때까지 수많은 선택의 기로에 선다. 그렇다면 선택은 누가 하는가? 그것은 여러분이 결정할 사항이다.

나는 C에 대해 여기에 세 가지를 더 추가하고 싶다. 변화(Change)와 도전(Challenge), 기회(Chance)다. 나는 독서로 삶의 변화를 경험했고, 그 에너지로 도전하는 삶을 살아가는 사람이 되었으며, 다양한 기회의 문을 두드리고 있다. 이것은 단연코 독서 때문에 가능했다. 빌 게이츠를 키운 8할은 독서였다고 한다면, 나를 키운 9할은 독서라고 표현할 정도로 내 생각과 행동은 급변했다. 태어나면서 죽기 전까지 반드시 독서는 평생 동반자로 삼아야 한다. 안중근이 "하루라도 책을 읽지 않으면 입 안에 가시가 돋는다."라고 여긴 독서를 우리 또한 느껴야 한다. 또 빌 게이츠의 이 고백 또한 가슴에 새겨 넣자. "하버드 졸업장보다 독서하는 습관이 더 중요하다."

독서는 우리 아이들을 지혜의 세계로 이끄는 데 가장 좋은 도구다. 지혜의 산물이 바로 책 속에 들어 있기 때문이다. 수많은 위인이 책 읽기를 강조하는 이유를 알아야 한다. 가슴 깊숙이 새겨야 한다. 눈앞에 책이라는 황금이 있는데도 많은 사람이 두 손에 돌멩이(TV 보기, 스마트폰 하기, 게임하기 등)를 꽉 움켜쥐고는 놓지 않는다. 그중 하나도 포기하지 않으니 이 황금을 쥘 수가 없다. 황금을 손에 쥐려면 반드시 돌멩이를 내려놓아야 한다. 처음에는 그 가치를 알 수 없을 것이다. 조선 후기 실학자이자 과학 사상가인 홍대용조차 이렇게 고백했다.

"처음 독서할 때는 누구나 힘들다. 이 괴로움을 겪지 않고 편안함만 찾는다면 재주와 능력을 계발하지 못한다. 마음을 단단히 하고 인내하면 열흘 안에 반드시 좋은 소식이 있다. 이렇게 하면 어려움은 점점 사라지고 드넓은 독서 세계에서 즐거움을 느낄 수 있게 된다."

그조차 처음 독서할 때는 힘이 들었다고 하니 참으로 다행이다. 독서가는 타고난 것이 아닌 만들어지는 것이다. 홍대용은 열흘 안에 반드시 좋은 소식이 있다고 했지만, 그 이전에도 충분히 가능하다. 나는 독서 습관을 기르기 어렵다고 하는 사람들에게 이 방법을 권장한다.

하루 10분 독서. 그냥 들으면 하루에 10분만 독서하라는 것처럼 들리지만, 어떤 일을 시작하기 전 의식적으로 10분을 쪼개서 10분 독서를 한 뒤 일을 하라는 말이다. 학생들의 입장에서 예를 들면 이렇다.

- 아침에 학교 가기 전 10분 독서하기
- 학교 도착 후 10분 독서하기
- 점심 식사 후 10분 독서하기
- 학원에 가기 전 10분 독서하기
- TV 보기 전 10분 독서하기
- 친구들과 놀기 전 10분 독서하기
- 잠들기 전 10분 독서하기

이렇게 10분씩만 모아도 하루에 1시간이나 책을 읽을 수 있다. 이것을 의식적으로 하다 보면 책 맛을 느껴 10분 독서가 15분, 20분, 나아가 1시간 이상씩 읽고 있는 자신을 발견할 수 있을 것이다. 딱 일주일만 실천해 보자. 드넓은 독서 세계에서 즐거움을 느낄 때 비로소 참다운 지혜가 내 안에서 살아 숨 쉰다.

내 아내는 딸 쌍둥이를 3년간 어린이집에 보내지 않고 혼자서 양육했다. 이 기간에 우리는 하루 동안 읽은 책 이야기를 하면서 서로에게 격려를 보냈다. 아내는 육아를 하면서 느낀 감정을 시로 표현한다. 그중 한 편을 소개한다.

힘들다

말은 다 이해하는데
말로 표현이 잘 되지 않는 시기

자신만의 생각이 분명한데
말로 표현이 잘 되지 않는 요즘

뜻대로 안 되면
소리를 지른다
짜증을 부린다

엄마가 잘 못 알아들으니
누워서 뒹군다
자지러지게 운다

그런 너를 보며 참다 못한 엄마도

소리친다

화낸다

짜증을 낸다

너와 소통이 막힐 때

그 순간이

참 힘들다

아이와 소통은 중요하고, 아이 내면과 소통은 더 중요하다. 우리는 '독서아이'와 같다. 지혜의 깊이가 어린아이처럼 떼를 쓰는 수준이기에 세상과 소통이 될 리가 없다. 자신의 욕구를 채우는 것이 우선이다. 시를 읽고 나서 나는 생각에 잠겼다. 우리 가족, 우리 반 아이들, 더 나아가 세상과 소통, 최종적으로 '나'라는 사람과 소통하기 위해서는 더욱 철저한 독서가가 되기로 했다.

이상주의 『조선 명문가 독서교육법』에서 영조는 손자가 임금이 되었을 때 군주로서 갖춰야 할 내용으로 학문을 권한다(「어제조훈」 중 제2편 권학문).

"나는 항상 늦게 공부한 것을 한탄한다. 너는 어린 나이에 수준 높은 책을 읽고 있구나. 할아버지에 비해 학식이 많아 다행이다. 그러나 1만 권의 책을 읽는다 해도 그 뜻을 확실히 알고 실천하지 않으면 의미가 없다. 토론에 익숙해도 말과 행동이 일치하지 않으면 앵무새와 다를 바 없다. (중략) 아침저녁으로 책을 읽고 밤낮으로 글을 익혀 마땅히 진실과

거짓을 가릴 수 있어야 한다. 참된 공부는 나를 위하는 것이고, 거짓 공부는 남을 위한 것이다. 참된 공부와 거짓 공부는 나라의 일로나 개인적인 일로나 의리나 이익이나 서로 다르기에 가히 두려워해야 한다. 아아! 오늘의 공부를 열심히 하는가, 그렇지 않은가는 장래 나라가 잘 다스려지느냐, 그렇지 않느냐로 이어진다."

비극적으로 사도세자를 잃은 영조의 마음이 이 어린 손자에게 투영되었을 수도 있다. 훗날 이 어린 손자는 정조가 된다. 이 글에서는 '참된 공부'를 위해 부단히 독서를 강조하는 마음이 느껴진다. 정조는 조선 후기 개혁과 대통합을 실현한 군주로, 세종대왕에 버금가는 존경을 받았던 왕이다. 그는 끊임없이 공부와 독서를 했기에 신하들과 현안 및 학문을 논할 때도 막힘이 없었다고 한다. 정조를 정조답게 만든 것은 다름 아닌 독서였다. 정조는 『홍재전서』에서 이렇게 이야기한다. "모든 일에 시간이 부족하지 않을까를 걱정하지 말고, 다만 내가 마음을 바쳐 최선을 다할 수 있을지 그것을 걱정하라."

나는 이 말을 독서와 연관 지어 이렇게 이야기하고 싶다. "독서하는 데 시간이 없어서라고 변명하지 말고, 다만 내가 독서하는 데 마음을 바쳐 최선을 다할 수 있을지 그것을 걱정하라."

04.

독서의 세 가지 효과 : 지성, 감성, 영성

독서가 지성과 감성을 키워 준다는 것은 누구도 부인할 수 없는 사실이다. 나는 독서로 학급을 디자인한다. 지성과 감성이라는 두 마리의 토끼를 잡기 위해서다. 나의 학급 운영 키워드는 크게 지(知), 덕(德), 체(體) 세 가지다. '지'는 '지성', '덕'은 '감성', '체'는 '영성'으로 이것을 아이들과 함께 공유하려는 것이다. 수십 가지의 프로젝트를 유기적으로 운영한다. 이 모두를 각각 운영하기도 하고, 때로는 통합해서 운영하여 지성, 감성, 영성을 키워 주려고 생각한다. 김성효의 『행복한 진로교육 멘토링』에서 '놀틈', '쉴틈'이란 단어에 주목하게 되었다. 심리학자 칼 융은 "창조는 놀고 싶은 유희의 충동에서 생겨난다."라고 했는데, 나도 이것에 동의하기에 이 두 가지를 적절히 활용하여 다음과 같이 학급을 운영한다.

첫째, '하루 10분 논어 읽기'를 실시한다. 이것은 3부에서 자세히 설명한다.

둘째, 매달 두 편씩 시를 쓴다. 100세가 넘어서도 매일 글을 쓰는 등 '은수저 슬로 리딩법'을 시행하며 아이들에게 놀이로 배움의 흥미를 이끄는 하시모토 다케시는 『슬로 리딩』에서 시 짓기 지도법을 이야기한다. 중학교 2학년 때부터 시를 짓게 하고, 고등학교를 졸업하기 전까지 '학년 시집'을 준비하게 하며, 감상을 적는 대신 스스로 시를 짓게 하라고 한다. 능력에 따라 쓴 시의 개수는 다를지 몰라도 꾸준히 노력하는 점이 중요함을 강조한다. 나는 여기에 착안하여 때로는 주제를 던져 주고, 때로는 자유롭게 쓰게 하는 등 매달 두 편씩 시 짓기 활동을 하고 있다. 나도 처음에는 이 '시'를 어렵고, 지루하고, 힘든 것으로 느꼈다. 하지만 아이들에게 자유롭게 시를 쓰게 하니 아이들의 생각 속에 큰 세계가 존재함을 알게 되었다. 어른인 나보다 아이들의 사고가 훨씬 깊었던 것이다.

우리 반 선생님

– 밀알반 12기 김민선

우리 반 선생님은...
재미있는 선생님
수업 시간마다
책에 대한 이야기

항상 무슨 책을 읽으면
좋다고...
권유해 주시는 우리 반 선생님

블로그씨 질문 덕에 더
재미있다
그리고...
작가들 이야기
그리고 재미있어지는
수학 시간
선생님은...
재미있다

다음은 새학기를 맞이하여 설렘 속에서 하루하루 성장하는 우리 반 아이의 마음이 돋보이는 시다.

5학년

– 밀알반 13기 오지영

처음으로 5학년이 된 날
새로운 반에 들어가서
새로운 친구를 사귀는 날

모든 것이 새롭고 신기한 5학년

몰랐던 친구들도

알았던 친구들도

서로 서먹서먹해지는 기분…

5학년이란… 쉽지 않구나

아이들은 저마다 이 세상에 하나뿐인 시를 즐겁게 지어 왔다. 연말에는 이것을 묶어서 '꿈으로 영그는 밀알반 이야기(가제)' 책으로 만들 예정이다.

셋째, '감사노트'를 작성하는 것이다. 이지성의 『지금부터 행복해지는 일』에서는 오프라 윈프리의 일화를 소개한다. 그녀는 불우한 어린 시절을 극복하려고 '감사노트'를 썼다고 한다. 쓰는 방법은 아주 단순하다. 자기 전에 오늘 있었던 감사한 일들을 생각한 뒤 적는 것이다. 아주 사소한 것이라도 좋다. 누구나 당연하게 여기는 '숨을 쉴 수 있어서 감사합니다'도 가능하다. 여기에는 그 어떤 형식도 없다. 내가 느낀 감정을 그대로 '감사노트'에 녹이면 된다.

3년 전 어느 날 우리 반 은아는 일기에 '아빠는 악마'라고 표현했다. 아이와 이야기를 나눈 뒤 충분히 그렇게 생각할 수도 있겠다 싶었다. 평소 아버지는 늘 술에 취해 있었고, 심지어는 가족에게 폭력을 행사하기도 했기 때문이다. 하지만 교육이 무엇인가? 진정으로 사랑할 수 없는 사람을 사랑하는 것을 가르치는 것도 교육이 아닌가! 무엇보다 아빠인데, 포기할 수 없었다. 그 아이가 진정으로 아빠를 사랑할 수 있는 방법을 고민하다 떠오른 것이 '감사노트'였다. 아이에게 어떤 것이라도 좋으니 감사노트에 아빠에게 감사하는 일들을 적어 보자고 했다. 정확히 두 달이 지난 7월, '아빠는 천사'라는 감사노트의 글이 내 마음을 울렸다. 물론 그 전에도 아빠의 좋은 점에 대해 감사하는 글이 있기는 했지만, '천사'는 아니었다. '악마'에서 '천사'로 변하기까지 두 부녀의 관계가 얼마큼 성장했을지 눈에 그려졌다.

넷째, '긍정 팔찌'다. 나는 『영어 천재가 된 홍대리』, 『박코치의 독설』의 저자 박정원 원장이 운영하는 '긍정훈련단 1기'로 활동한 적이 있다. 당시 '긍정 팔찌'라는 것을 받았는데 거기서 동기를 얻었다. 학교에 오면 아이들은 자신의 이름이 적힌 '긍정 팔찌'를 하나씩 오른팔에 착용한다. 학교에 있으면서 짜증이 나거나 불평이 생겼을 경우에는 팔찌의 위치를 다른 쪽 팔로 옮긴다. 그렇게 계속 화가 날 때마다 팔찌를 옮기고 숫자를 세는 것이다. 그러면 자신에게 하루에 감정 기복이 몇 번 있었는지 알 수 있는데, 이를 '주간 셀프학습 체크리스트'(김성효의 『학급경영 멘토링』 참고)에 숫자로 기입한다. 아이들은 자신이 짜증내고 다툰 횟수를 숫자로 한눈에 볼 수 있기에 내일은 숫자를 줄이겠다는 강한 동기부여를 받는다. 개인 목표, 공동 목표를 통해 운영하면 더욱 효과적이다. 재미있게 읽은 티나 실리그의 『스무살에 알았더라면 좋았을 것들』에서는 이것을 '실천 팔찌'로 칭하는데, 실천 횟수에 따라 움직이게 한다. 단순한 팔찌 하나가 여러 가지로 쓰일 수 있는 것이 신기했다. 지금은 '긍정 팔찌'라는 하나의 프로젝트만 운영하지만, 더 나아가서 '실천 팔찌', '나눔 팔찌', '격려 팔찌', '사랑 팔찌' 등 아이들의 지성과 감성, 영성을 느낄 수 있는 활동으로 확대해 보려고 한다.

다섯째, '5분 청소법'이다. 이것은 국내 1호 정리컨설턴트인 윤석현 대표의 『하루 15분 정리의 힘』에서 착안했다. 정리는 환경을 통제하므로 공간, 시간, 인맥도 정리해야 한다는 것에서 힌트를 얻어 '5분 청소법'을 생각하게 되었다. 요지는 이렇다. 하루 24시간을 분으로 환산하면 1,440분이다. 이 중 개인적으로 5분만 자유롭게 원하는 시간에, 원하는 장소를 청소하는 것이다. 청소를 끝내면 자신의 이름에 청소를 마쳤다는 표시를 한다. 그런데 이것을 확인하는 사람은 누구일까? 바로 자신이다. 물론 운영하면서 조금씩 변형을 하기는 했지만, 억지로 청소하는 것이 아닌 나와 학급을 위해서 자발적으로 청소하는 모습을 본 나는 큰 감동을 받았다. 한 아이에게서는 이런 편지도 받았었다.

"방학 전에 다른 반 선생님처럼 1인 1역 이런 활동을 많이 하고 있었는데 이제는 5분 청소를 하고 여러 가지 방법을 만들어 실천하는 게 정말 신기하다."

고마운 편지가 아닐 수 없다. 내 교육 목표는 아이들의 성장과 함께 교사인 내 자신의 성장이다. 그래서 지금도 다양한 것을 부단히 고민하고 적용하는 중이다. 나는 아이들에게 세상을 다르게 보는 생각하는 힘을 길러 주고 싶다. 그중 하나가 바로 '5분 청소법'이다. 작은 사고의 전환이 보여 준 좋은 사례가 아닐까 싶다.

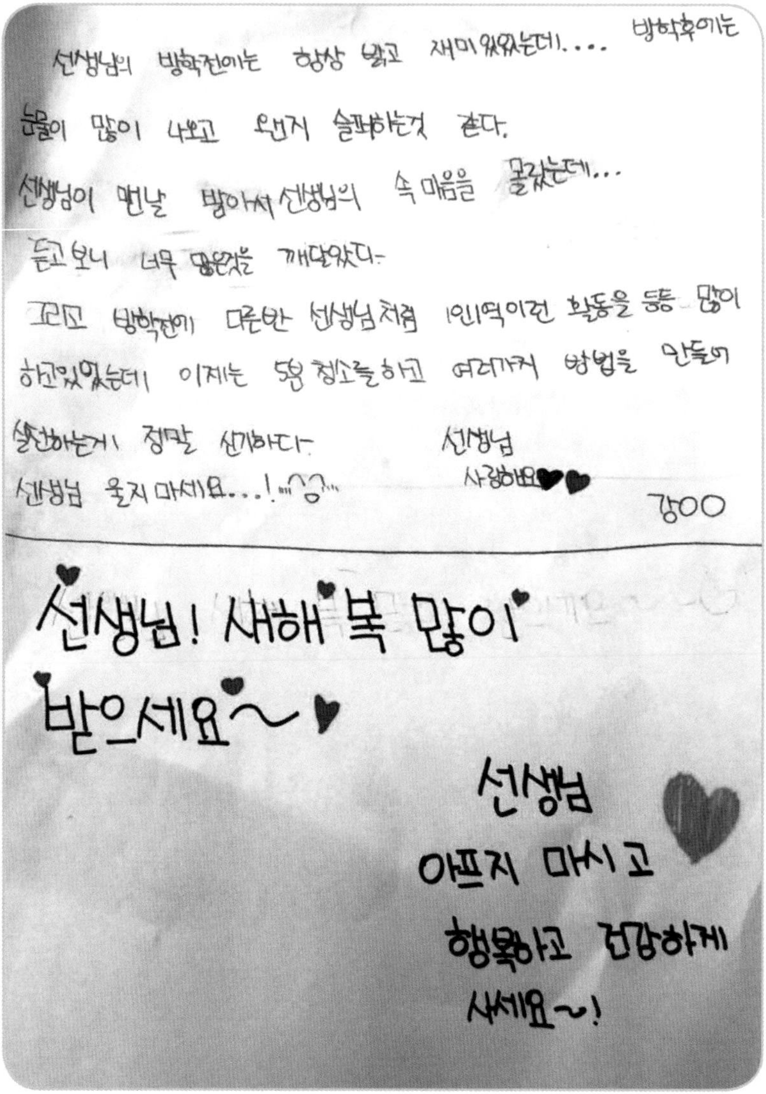
선생님의 방학전에는 항상 밝고 재미있었는데.... 방학후에는
눈물이 많이 나오고 왠지 슬퍼하는것 같다.
선생님이 맨날 말아서 선생님의 속 마음을 몰랐는데...
듣고보니 너무 많은것을 깨달았다.
그리고 방학전에 다른반 선생님처럼 1인1역이런 활동을 등등 많이
하고있었는데 이제는 5분 청소를하고 여러가지 방법을 만들어
실천하는게 정말 신기하다. 선생님
선생님 울지 마세요...!ㅠㅠ 사랑해요♥♥
강OO

선생님! 새해 복 많이
받으세요~

선생님
아프지 마시고
행복하고 건강하게
사세요~!

05.
독서의 네 가지 결과물 : R.E.A.D.

미국인 조시 윗포드는 유명인에게 편지를 써 보라고 권했는데, 나도 이를 실행에 옮겨 보았다. 그가 편지를 쓴 유명인은 워렌 버핏이었다.

"안녕하세요, 버핏 씨! 제 이름은 조시 윗포드입니다. 저는, 제가 별로 아는 것이 없다는 점보다 더 잘 알고 있는 것이 없습니다. 저는 지식을 구하기보다는 지혜를 구하고자 합니다. 당신이 제게 줄 수 있는 단 한 가지의 지혜가 있다면, 그것이 무엇인지 궁금합니다." 몇 주 뒤 버핏의 친필 엽서가 도착했다. 거기에는 다음과 같이 적혀 있었다.

"Read, Read, Read(읽고, 읽고, 또 읽으세요)."

최효찬의 『세계 명문가의 독서교육』에 나오는 워렌 버핏의 숨은 일화다. 그는 세계적인 투자가다. 신문배달부에서 세계 최고의 부자가 된 비결을 물어보면 독서라고 말할 정도로 독서광이다. 그는 2000년부터 매년 자신과 함께 점심을 먹을 수 있는 식사권을 경매에 부치는데, 2016년에 낙찰된 금액은 무려 30억 원이었다. 식사 시간은 대략 3시간으로 조시 윗포드처럼 질문한다면 워렌 버핏은 뭐라고 조언해 줄까? 아마도 똑같이 대답하지 않을까 싶다.

"Read, Read, Read(읽고, 읽고, 또 읽으세요)."

그는 독서와 관련해 이런 명언까지 남겼다. "당신의 인생을 가장 짧은 시간에, 가장 위대하게 바꿀 수 있는 방법은 무엇일까? 당신이 독서보다 더 좋은 방법을 알고 있다면, 그 방법을 따르기 바란다. 그러나 인류가 현재까지 발견한 방법 중에서만 찾는다면 당신은 결코 독서보다 더 나은 방법을 찾지 못할 것이다."

아이들에게 워렌 버핏 이야기를 할 때마다 이렇게 상상해서 이야기하고는 한다. "그와 식사를 하고 싶은 사람이 있다면 먼저 책을 충분히 읽고 가세요. 그래야 3시간 동안 독서 이외의 조언을 그에게서 이끌어 낼 수 있을 겁니다. 물론 직접 만날 수 있다면 더할 나위 없이 좋지만, 굳이 직접 만나지 않아도 됩니다. 그는 책에 이미 모든 내용을 기술해 두었으니까요. 그의 책을 읽으세요. 거기에 그의 노하우가 담겨 있습니다. 책을 읽으세요."

그렇다면 책을 읽으면 무엇이 좋을까? 곰곰이 생각하니, 다음 'R.E.A.D.'에서 네 가지의 가능성을 찾을 수 있었다.

Reader(리더)

Energy(에너지)

Action(실행력)

Division(나눔)

첫째, 리더가 될 수 있다. 해리 트루먼은 이렇게 이야기한다. “모든 독서가가 리더는 아니지만, 모든 리더는 독서가다.” 거듭 강조하지만, 위대한 리더는 하나같이 광적인 독서가였다. 링컨, 간디, 헬렌 켈러, 에디슨, 마오쩌둥, 괴테, 세종대왕, 정조 등 그 인물들만 나열해도 책 한 권 이상은 될 것이다.

둘째, 삶을 살아갈 때 다방면에서 에너지가 풍부하다. 독서로 긍정의 에너지를 마음속에 담아 더욱 건강해지며, 책에서 각종 아이디어를 얻을 수 있기에 삶이 더욱 풍성해진다. 그래서 정약용은 폐족한 집안의 유일한 대안은 진심으로 독서하는 것이라면서 유배지에서조차 자녀들에게 독서하기를 강조했다.

셋째, 실행력이 남다르다. 독서를 통해 얻은 영감을 바로 실천하는 도전 의식을 가질 수 있다. 괴테는 실행이란 마법이라고 하면서 진정한 독서가는 실천에서 완성된다고 했다. 지행합일의 정신이 독서가들에게는 필수적인 요소인 것이다.

넷째, 자신이 갖고 있는 달란트를 주변에 나눔으로써 선한 영향력을 미칠 수 있다. 나누는 사람들을 면밀히 관찰해 보면 대부분 책을 좋아하는 경향이 있다. 『그 아이만의 단 한 사람』의 저자 권영애는 이렇게 이야기한다. "'가르침'보다 '배움'보다, '만남'이 먼저다."

나는 독서 또한 이런 만남이 이루어져야 한다고 생각한다. 글자의 소중함을 진정으로 아는 사람은 읽는 것 하나하나가 의미로 다가온다. 그리고 그 의미는 내 안에서 새로운 의미로 재창조되어 누군가에게 전이된다. 나눔의 형태로 발전하는 것이다.

나는 과거에 S우유에서 주관하는 'Your Dream Mate'라는 영상 공모전에 참가한 적이 있다. 제목은 '4G LTE-A(4Greatest, Leader Talent Energy-Actor)'였다.

S우유를 마시면 네 가지(리더, 재능, 에너지, 실행력) 위대한 것을 얻을 수 있다는 주제로 영상을 제작했다. 우유를 마신다고 이 네 가지 요소가 생기지는 않지만, 독서는 이 네 가지 이상의 것을 준다. 워렌 버핏의 조언을 귀담아듣고(Read, Read, Read) 꾸준히 실천하다 보면 반드시 발견할 수 있을 것이다.

06.
딱정벌레의 교훈 : 나다움을 발견하다

나도 밥 먹을 줄 압니다
나도 잘 줄 압니다
나는 똥도 쌀 줄 알아요
나도 식구가 있습니다
나도 집이 있습니다
나도 숨을 쉽니다
나는 눈물도 흘려요

나는
딱정벌레예요

5학년 2학기 〈국어－나〉에 나오는 김용택 시인의 「딱정벌레」라는 시다. 이 시를 읽고 나와 우리 반 아이들은 잠시 생각에 잠겼다. 딱정벌레도 저렇게 자신을 가치 있게 여기는데, 과연 우리는 자신을 가치 있게 여기고 있을까 하고 말이다.

"자, 자신이 누구인지 이야기할 사람?"

"……."

"딱정벌레처럼 내 존재 가치를 이야기해 보세요."

"……."

이런 모습은 초등학교 교실에서만 볼 수 있는 것이 아니다. "너는 도대체 누구니? 네가 원하는 인생은 무엇이니? 너에게 가치 있는 삶이란 어떤 것이니?"

내면의 성장을 도와주는 명상 전문작가인 알렌 코헨의 『내것이 아니면 모두 버려라』를 읽으면서 많은 생각을 했다. 저자는 "인생이란 자기를 알아가는 정점을 향해 경이로운 여행을 이어가는 것"이라며 내면의 소리에 귀를 기울이라고 이야기한다. 다음 글을 읽은 나는 더욱더 깊은 사색에 잠겼다. "자꾸만 내가 흔들리는 이유는 오직 하나, 내 인생이 남의 지문으로 가득하다는 거. 버리자. 더 이상 버릴 게 없는 내 것으로부터 인생을 다시 시작하자."

당시 함께 읽던 박웅현의 『여덟 단어』도 나에게 같은 물음을 던졌다.

"인생의 정답을 찾지 마시길, 정답을 만들어 가시길. 내일을 꿈꾸지 마시길 충실한 오늘이 곧 내일이니. 남을 부러워 마시길. 그 많은 단점에도 불구하고 나는 나. 시류에 휩쓸리지 마시길. 당대는 흐르고 본질은 남는 것. 멘토를 맹신하지 마시길. 모든 멘토는 참고 사항일 뿐이니. 이 책의 모든 내용을 단지 하나의 의견으로 받아들이시길. 그리고 당신 마음속의 올바른 재판관과 상의하며 당신만의 인생을 또박또박 걸어가시길. 당신이란 유기체에 대한 존중을 절대 잃지 마시길."

나는 학사장교로 GOP 부대에서 근무하던 시절 자살 충동에 빠진 적이 있다. 그곳에서 내가 느낀 세 가지 감정은 죽음, 외로움, 악이었다. 당시 나는 신앙이 무너진 상태였고, 가정사와 과중한 업무로 심신이 지칠 때로 지쳐 있었다. 전역한 지금은 웃으면서 이야기할 수 있지만, 당시 인간 취급도 하지 않는 듯한 지휘관의 눈빛에 내 자존감은 바닥을 치고 있었다.

GOP 지휘통제장교로 근무하던 어느 날, 부하의 실수로 열쇠 하나가 잠겨 있지 않은 것을 지휘관이 발견했다. 그 벌로 총책임자였던 나와 부하는 완전군장을 한 채 막사 앞을 빙빙 돌았다. 물론 내 책임도 있었지만, 그날은 정말 힘들고 외로웠다. 부하에게 들어가라고 지시한 뒤 혼자 취사장 쪽으로 걸어갔다. 아무도 없었기에 혼자 생각에 잠길 수 있는 더 없이 좋은 장소였다. '얼마 만에 이렇게 혼자 있어 보는 거지!' 몇 명의 친구와 통화한 뒤 어머니께도 전화를 드렸다. "진수야! 잘 지내고 있지?"라는 어머니의 한마디에 눈물이 쏟아졌다. 간신히 이를 악물고 "네!"라고 대답한 뒤 몇 마디 나누고 전화를 끊었다. 오른손을 보니 총을 잡고 있었다. 순간 '죽어 버릴까? 이 더러운 세상 포기하고 싶다. 난 잃을 것이 전혀 없다. 아쉬움도 없다. 이렇게 남의 인생으로 살 바에는 차라리 죽는 것이 낫지 않을까!'라는 생각이 들었다. 그러다 순간 이 말이 떠올랐다. '포기가 가장 쉽다.'

머릿속에서 수많은 생각이 교차하면서 결국 훌훌 털고는 다시 일어났다. 그때 나를 붙잡아 준 한 권의 책이 있다. 전광 목사의 『백악관을 기도실로 만든 대통령 링컨』이다. 그날 이후 링컨 대통령은 내 롤모델이 되었다.

박웅현의 『여덟 단어』에서는 '자존'을 이렇게 설명한다. "자존은 중심점을 안에 찍고 그것을 향해 나아가는 겁니다." 나는 독서를 통해 나를 알게 되고, 나를 만나게 되고, 내 인생의 중심점을 안에 찍어 부단히 그것을 향해 나아간다. 결국 인문독서의 핵심은 나답게 사는 것이다.

서준호의 『마음 흔들기』, 김성효의 『행복한 진로교육 멘토링』에는 다음 인생그래프 활동이 나오는데 그것을 토대로 이렇게 운영했다(A4용지를 8절지로 변경 활용).

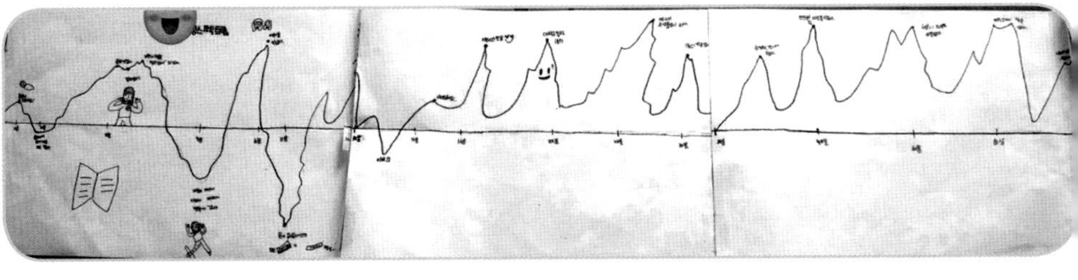

1. 8절지를 가로로 접었다 펴면 가운데에 선이 생긴다. 선의 윗부분에는 행복, 기쁨 등 긍정적인 기억들을 적고, 아랫부분에는 슬픔, 사고, 아픔 등 부정적인 기억들을 적는다.

2. 그래프의 높이가 높을수록 긍정의 강도가 세고, 낮을수록 부정의 강도가 세다.
3. 시간의 흐름에 따라 현재까지 기억나는 여러 사건을 그래프로 그리고(점을 찍고 연결), 간단한 설명을 쓴다.
4. 한 장은 과거(출생부터 오늘까지)를, 다른 한 장은 미래(내일부터 죽음까지)를 그린다.
5. 미래는 대학, 직장, 결혼, 죽음 등 시간의 흐름에 따라 인생을 상상해서 그린다.

이 활동을 통해 나와 아이들은 인생의 의미를 조금이나마 발견할 수 있었다. 과거의 감정 선을 인정하고 그것을 통해 새로운 미래를 더욱 열어 가는 발판을 마련한 것이다. 자기 안에 점을 찍자. 그 점을 연결하면서 삶의 의미를 더욱 가치 있게 가꿔 나가면 되는 것이다. 그럼 나다움을 반드시 만날 수 있을 것이다.

"여러분, 이곳에서 가장 중요한 사람은 누구입니까? 예, 맞습니다. 여러분 자신이 가장 중요한 사람입니다." 세계적인 동기부여가 브라이언 트레이시가 한 말에 귀를 기울이자.

07.
한 손에는 드림보드를! 다른 한 손에는 비전선언문을!

"부의 격차보다 무서운 꿈의 격차"

이것은 나를 꿈꾸는 교사로 인도한 이지성의 『꿈꾸는 다락방 2 : 실천편』 표지에 있는 글귀다. 이 글귀를 처음 보았을 때의 떨림이 아직까지도 기억난다. 부와 꿈은 별개로만 생각했었기에 이 짧은 글귀 하나가 나를 강력하게 흔들어 놓은 것은 어쩌면 당연하다. 33살이 되어서야 알게 된 가슴 뛰는 꿈의 세계를 아이들에게 알려 주고 싶었다. 당시 나는 농촌지역 학교에서 3학년 아이들 6명의 담임을 맡고 있었다. 나는 이 글귀를 교실에 붙여 놓고 매일 읽고 싶었다. A4용지에 알록달록하게 색칠해서 적고는 교실 옆쪽에 붙였다. 그러고는 매일 아침 수업 시작 전에 큰 목소리로 아이들과 함께 읽었다.

'R=VD'라는 공식을 본 적이 있는가? 'Realization(실현)=Vivid(생생

한) · Dream(꿈)'으로 '생생하게 꿈꾸면 이루어진다'는 꿈의 공식이다. 이지성은 『꿈꾸는 다락방』에서 우리에게 이렇게 이야기한다. "사람에게 꿈은 근육과도 같다. 규칙적으로 관리를 해 주지 않으면 처지게 마련이다. 당신이 늘 다니던 인생길은 편안하고 안락하지만, 그곳에 당신의 꿈이 없다면, 이젠 다른 길을 걸어야 할 때다. (중략) 당신의 꿈을 이루기 위해 지겹고 오래된 코스에서 벗어나라. 물론 오래된 길은 벗어나기 힘든 경우가 많다. 하지만 당신이 찾는 길은 결국 당신이 절실하게 바라는 꿈, 새로운 삶이지 않은가? 그것만 생각하고 꿈을 향해 나아가라. (중략) 매일 매 순간 마음의 눈을 들어서 그 꿈을 생생하게 바라보라. 머리와 몸을 움직여라. 꿈이 현실이 될 것이다."

이지성은 생생하게 꿈을 바라보면 반드시 꿈이 현실이 된다고 말한다. 사람의 근육처럼 꿈의 근육을 규칙적으로 관리하라고 말한다. 나는 의식적으로 그렸던 꿈의 근육을 교실 속으로 가져오고 싶었다. 마침 『초등 독서 바이블』의 저자인 김성현 선생님의 특강을 들은 나는 '드림보드'를 더욱 시각화하기로 했다.

꿈을 시각화하는 일은 중요하다. 임원화의 『스물아홉, 직장 밖으로 행군하다』를 읽으면서 '시각화', '자기 암시'의 중요성을 다시 한 번 인지했다. "'시각화'는 원하는 꿈과 목표를 생생한 이미지를 통해 심상화하며 이미 이루어진 현실인 것처럼 상상하는 것을 말한다. '자기 암시'는 바라는 것들을 적고, 말하고, 선언하며 잠재의식에 각인시키고 자기 확신을 더해가는 과정이다. 이 디자인 과정이 습관이 되면 굉장한 행동력을 갖추게 된다."

나는 아이들에게 8절지를 나눠 주고는 다음 여섯 가지가 잘 드러나도록 사진, 글, 그림 등을 활용하여 꾸미게 했다.

1. 자신의 꿈	2. 롤모델 및 선정 이유
3. 나의 좌우명	4. 10년(30년) 후 모습
5. 나만의 버킷리스트	6. 내가 지금 바로 실천해야 할 것들

학교-가정, 심지어는 꿈속에서도 꿈을 꾸게 한다면 아이들의 말과 언어가 바뀌고, 습관이 바뀌고, 행동이 바뀌며, 인생이 바뀔 수 있지 않을까? 미래의 청사진을 계속 바라보게 하면 아이들은 생생하게 꿈을 꾸는 사람이 된다. 인생의 큰 숲을 그리는 것이다. 초등학교 때부터 꿈과 함께 성장한다면 미래는 어떻게 바뀔까? 정말 상상만 해도 기분이 좋아진다. '드림보드'를 활용하는 방법은 아주 쉽고 간단하다.

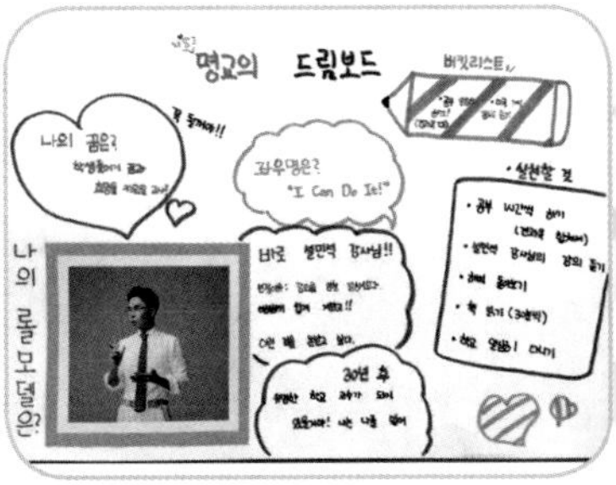

- 아이들이 만든 드림보드(8절지)를 교실에 게시한다.
- 드림보드 사진을 찍어서 컬러 프린터를 한 뒤 코팅을 한다.
- 코팅한 드림보드는 아이들 집 책상 위에 붙여 놓는다.
- 학교에 오면 자신의 드림보드를 읽고 미래를 상상한다.
- 집에 도착하면 자신의 드림보드를 읽고 미래를 상상한다.

그리고 2학기에는 꿈을 더욱 현실화시키는 '비전선언문'을 보물지도와 함께 작성한다. 비전의 어원인 Vis는 라틴어 Videre와 과거분사형인 Visus에서 유래한 말로 '보다'는 의미다. 즉, 비전은 미래를 보는 것이다. 『아들아 머뭇거리기에는 인생이 너무 짧다』에서 강헌구는 꿈에 날짜를 포함한 것을 비전이라고 이야기한다. 예를 들어 "김진수의 첫 개인 저서는 2017년 10월 25일에 출간된다."처럼 꿈(김진수의 첫 개인 저서)에 날짜(2017년 10월 25일)를 명시하는 것이다. 강헌구는 아이들에게 억만금의 재산이 아니라 바로 단 한 줄의 '비전'을 남겨 주라고 강조한다. 그의 책 '비전편'을 보면서 그것이 얼마나 중요한지 다시 한 번 깨달았다.

"보험세일즈의 전설적인 귀재로 알려져 있는 폴 마이어가 저술한 DPL이라는 교육 프로그램 교재에는 의미 있는 자료가 하나 제시되어 있다. 어떤 대학에서 인구통계에 관한 조사를 실시했는데 인구의 3%가 엄청난 성공을 거두어 상류층을 형성하고 있고, 10%는 비교적 여유 있게 살고 있으며, 60%는 겨우 생계를 꾸려가고 있고, 나머지 27%는 다른 사람들의 도움을 받으며 어렵게 산다는 것이었다. 여기서 흥미로운 사실 한 가지는 엄청난 부를 누리며 사회를 실질적으로 이끌어 가고 있는 3%의 상류층에 속한 사람들은 '글로 쓴 구체적인 목표'를 가지고 있었다는 것이다. 반면, 중산층 10%의 그룹은 구체적인 목표를 갖고 있긴 했으나 이를 글로 쓰지는 않고 마음속에만 품고 있었고, 나머지는 거의 목표를 갖고 있지 않았다. 조사결과 상류층 3%와 중산층 10%는 학력, 재능, 지능 면에서 아무런 차이도 없었다고 한다. 그런데도 상류층 3%는 중산층 10% 그룹보다 10배 이상의 탁월한 능력을 발휘하고 있다. 두 그

룹 사이의 차이는 단 한 가지, 자신들의 목표를 문서화했는가의 여부뿐이다." 이것은 문서화하지 않는 목표는 행동으로 옮겨지지 않는다는 것을 증명한 사례다.

우리 학교에서는 매년 '나의 꿈 발표대회'를 개최한다. 각자가 '나의 꿈'을 아이들 앞에서 3~5분간 자유롭게 발표하는 것이다. 반대회를 거쳐 학년대회를 하기 위해 5학년 120명이 한 자리에 모였다. 나는 모두 자리에서 일어나라고 한 뒤 다음 세 가지 질문을 던졌다.

"첫 번째 질문, '나는 명확한 꿈을 갖고 있다'고 생각하는 친구는 일어나 있고, 나머지는 앉아 주세요. 두 번째 질문, 갖고 있는 꿈을 언제까지 꼭 이루겠다고 구체적인 날짜까지 계획한 친구는 일어나 있고, 나머지는 앉아 주세요. 세 번째 질문, 그 계획을 글로 구체적으로 써서 지금 갖고 있는 친구는 일어나 있고, 나머지는 앉아 주세요."

결과는 어떠했을까? 첫 번째 질문에는 30명 정도가 자리에 앉았다. 두 번째 질문에는 거의 대부분이 자리에 앉았다. 세 번째 질문에는 딱 1명만 일어나 있었다. 어떤가? 폴 마이어 사례와 비율이 비슷하지 않은가?

『아들아 머뭇거리기에는 인생이 너무 짧다 1 : 비전편』에는 수많은 위인이 비전을 통해 꿈을 이룬 사례와 방법들이 가득하다. 나는 이 중에서 비전선언문을 가정뿐만 아니라 학급에서도 작성하여 활용한다.

『학급경영 멘토링』, 『기적의 수업멘토링』, 『선생님, 걱정 말아요』 등을 통해 고민하는 교사를 위한 책을 다수 집필한 김성효는 『행복한 진로교육 멘토링』에서 종이 위의 기적을 만날 수 있는 활동으로 비전선언문을 든다. 나는 그것을 바탕으로 나의 비전선언문을 작성했다.

"나는 교육전문가로서 교사는 물론 학부모, 학생들에게 꿈을 현실로 실현시키는 비전멘토가 될 것이다. 2017년 첫 개인 저서를 시작으로 매년 한 권 이상의 책을 내 나이만큼 출간할 것이다. 나는 독서전문가로서 교사를 위해서는 다양한 연수 프로그램을 개발 운영하고, 학부모를 위해서는 독서와 꿈 관련 워크숍을 매달 1회 운영하며, 학생들을 위해서는 누구보다 본보기가 되어 꿈으로 가슴 뛰는 삶을 살 수 있도록, 배움의 즐거움을 느낄 수 있도록 할 것이다. '일두 일작' 운동을 통해 일주일에 2권의 책을 읽고, 1년에 한 권의 책을 집필할 수 있는 역량을 모두 갖출 수 있도록 성심 성의껏 도울 것이다. 나는 사랑과 감사와 배움의 열정으로 매일매일 조금씩 나아지는 성장하는 삶을 살 것이다."

이와 동시에 미래일기를 작성하고, 향후 30년까지의 삶을 구체적인 날짜와 함께 적어 날마다 그것을 바라보면서 매일 꿈을 실현하려고 노력한다. 비전선언문은 나와의 약속이다. 끊임없는 도전과 실패로 중도에 포기하고 싶은 순간도 있을 수 있다. 하지만 이렇게 작성한 비전선언문으로 포기하고 싶은 순간을 배움의 순간으로 바꿀 수 있을 것이다.

아이들이 꿈으로 물들어 가슴 뛰는 삶을 살기를 원하는가? 한 손에는 드림보드로 꿈을 시각화하고, 다른 한 손에는 비전선언문으로 꿈을 더욱 확고히 다질 수 있게 하자. 그럼 누구나 괴테처럼 꿈을 이룰 수 있다는 고백을 자신 있게 할 수 있을 것이다.

"꿈꿀 수 있는 것은 무엇이든 이룰 수 있다."

08.
바보는 질문하지 않는다

나를 독서의 세계로 입문시켜 준 책이 무엇이냐고 묻는다면 망설임 없이 『독서 천재가 된 홍대리』라고 이야기한다. 독서가 생활 속에서 조금씩 멀어지려고 할 때마다 꺼내서 읽는다. 읽을 때마다 매번 눈에 들어오는 글귀들이 달라지는 것이 신기했다. 어느 날 다시 한 번 이 책을 꺼내 들었다. 이번에도 어김없이 강력한 글귀가 내 마음의 문을 두드렸다.

"혹시 레드 퀸 효과라도 알고 계세요? 내려가고 있는 에스컬레이터에서 위로 올라가려고 빨리 뛰어도 어지간히 빠르지 않으면 제자리에 있을 수밖에 없는 현상을 말하는 거죠. 자신의 속도가 움직이는 주변 환경과 같다면 같은 장소에 머무를 수밖에 없고 아무리 애를 써도 앞으로 나아갈 수가 없는 것을 가리키는 말이에요. 『이상한 나라의 앨리스』로 유명한 루이스 캐럴의 또 다른 소설 『거울 나라의 앨리스』에 나오는 애

기죠. 레드 퀸은 이 소설에 등장하는 여왕인데 체스 판의 말 중 하나예요. 달리기의 명수죠. 아무리 달려도 한 발자국도 앞으로 나아가지 못하는 앨리스에게 이렇게 말합니다. '제자리에 머물기 위해서는 온 힘을 다해 뛰어야 한다. 만약 다른 곳으로 가기 위해선 지금보다 최소한 두 배는 빨라야 한다.'"

나는 책을 읽으면 생각을 정리하려고 블로그에 글을 쓴다. 그 글에 많은 사람이 댓글을 달아 주는데, 그중 한 블로거 이웃님과 이것을 주제로 열띤 토론을 했다. 그분은 "뭘 하든 지금 대한민국에서는 다람쥐 쳇바퀴죠."라고 주장했다. 레드 퀸 효과는 글 속에나 존재할 뿐 우리나라 현실과는 전혀 맞지 않는다며 반박한 것이다. 나는 그 말에 성심 성의껏 답변을 했다. 이후 서로 여섯 번 질문과 답이 오갔고, 그러면서 서로 의견도 조금씩 좁힐 수 있었다. 다음 날 나는 이 글과 답변을 아이들에게 공개했다. 그러면서 이렇게 말했다.

"그분과 대화하면서 많은 것을 깨달았습니다. 특히 선생님이 미처 생각하지 못한 질문을 받았을 때는 내 생각을 뒷받침할 수 있는 근거를 찾기 위해 여러 책을 참고했습니다. 서로 다른 의견이 오고가는 것이 보이죠? 블로그는 유대인의 하브루타를 실천할 수 있는 현대판 대화, 토론장이라 여겨집니다. 여러분도 질문을 통해 더 나은 생각을 발견할 수 있기를 바랍니다."

앤서니 라빈스는 우리가 상상하는 것 이상으로 질문은 강력한 도미노 효과를 유발하는데, 모든 인간의 진보는 새로운 질문에서 비롯된다고 이야기한다. 유대인들의 하브루타 질문법이 바로 이것을 가능하게 한다.

유대인은 교육 시간에 토라, 탈무드, 성경 등을 익히고, 토론으로 배움의 뿌리를 튼튼히 하는 '루트' 작업을 한다. 학교에서 돌아온 아이에게 한국 부모는 "학교에서 무엇을 배웠니?" 하고 묻지만, 유대인 부모는 "학교에서 무엇을 질문했니?"라고 묻는다. 이 질문에서부터 차이가 난다. 전자는 넣은 지식에, 후자는 끌어낸 지식에 관심이 있다. "물고기를 잡아 주면 하루를 살 수 있지만 물고기를 잡는 방법을 가르쳐 주면 일생을 살 수 있다."라는 유대인의 격언에서 그들이 살아가는 삶의 방식을 알 수 있다. 물고기를 잡는 방법은 평생에 걸쳐서 배움의 길로 인도한다. 그래서인지 대부분의 유대인이 생을 마칠 때까지 배움의 끈을 놓지 않는다. "삶이 끝날 때까지 잃어버리지 말아야 할 것은 신성한 호기심이다."라고 말한 유대인 중 한 명인 아인슈타인의 고백은 우리에게 시사하는 바가 크다.

유대인은 탈무드의 한두 구절을 가지고도 한참 동안 논쟁을 벌인다고 한다. 이것을 탈무드 디베이트라고 한다. 탈무드의 모든 것을 곧이곧대로 받아들이기보다는 여기에 비판적 사고력과 자기 생각을 덧붙여 새로운 자신의 탈무드를 만드는 것이다.

나는 수업 시간에 아이들과 생각 나누기를 즐겨 한다. 생각 나누기로 하브루타의 진정한 목적인 '우리의 생각은 모두 다르다'는 것과 '생각하는 힘을 기르는 법'을 알려 준다. 어느 날 아이들과 함께 『논어』를 읽던 중 17편 「양화」에서 다음 글을 읽고 서로의 생각을 나눴다.

"오직 최상급의 지혜로운 사람과 최하급의 어리석은 사람만 바뀌지 않는다."

나는 아이들에게 각자가 생각하는 지혜로운 사람, 어리석은 사람은 누구인지 적어 보라고 했다. 그런 뒤 함께 생각을 나누자고 말했다. 한 아이는 풍선으로 비유해서 설명했다.

"지혜로운 사람은 날아가는 풍선 끈을 잡으려고 노력하는 사람이고, 어리석은 사람은 날아가는 풍선을 보면서도 잡지 않으려는 사람입니다. 여기서 꿈을 풍선으로 표현했습니다."

나는 그 아이에게 "왜 꿈을 풍선으로 비유했지?"라고 되물었다.

"풍선은 처음에 불기 전에는 풍선의 역할을 할 수 없는데 바람을 불면 점점 커져서 위로 날아가기도 해요. 누구나 꿈을 꾸면서 풍선처럼 위로 날아오를 수 있는데 마냥 날아가는 풍선을 놓으면 하늘 높이 날아올라 잡지 못하는 경우도 종종 있어요. 꿈이 그저 꿈으로 남게 되는 거죠."

"그럼 너는 풍선을 잡기 위해 무엇을 하고 있니?"라고 다시 물었더니 "독서를 통해 풍선에 바람을 넣고 있어요."라고 대답했다. 이런 식으로 교사와 아이, 아이들끼리 질문의 꼬리를 연결하다 보면 하루가 금방 간다.

아이와 함께 하브루타 질문법을 활용하다 보면 의외로 아이들이 책에 쉽게 빠진다는 것을 알 수 있다. 부모와 또는 교사와 공감대가 형성되는 소재를 발견하면, 아이들은 그것에서 자신의 생각을 끌어내느라 바쁘다. 그만큼 아이들의 생각 에너지는 무궁무진하다. 아이들은 "왜?"라는 질문으로 계속 질문의 꼬리를 유도하지만 어른들은 "그것은 이거야."라며 정답을 알려 준다. 하브루타 질문법은 정답을 알려 주지 않는다. 오히려 질문을 통해 아이가 스스로 정답을 이끌어 가도록 유도한다. 자연스럽게 '질문–책'으로 유도하는 것이다.

30여 년간 교육 분야에서 다양한 경험을 한 전성수 교수는 『하브루타로 교육하라』에서 아이 스스로 생각하는 것이 중요함을 강조한다.

"아이의 질문에 대해 정답이나 교훈을 알려 주려는 행동은 게으른 사랑이다. 아이 스스로 생각해서 깨닫게 하라. 남이 알려 주는 것은 내 것이 되지 않는다. 아이가 질문을 하면 다시 질문으로 돌려주어 아이가 깊은 생각을 통해 스스로 자기 답을 찾게 하는 것이 필요하다. 스스로 생각해서 답이 나오지 않으면 책을 찾아보거나 인터넷으로 검색해서 알게 하라. 모르는 것을 알아가는 행동 자체가 공부이다. 아이의 질문이란 자기 동기를 반증하는 것이기에 그 자체로 커다란 힘이 있다."

내 아이의 질문을 잘 경청하고 생각의 힘을 이끌어 내는 질문을 던져 보자. 질문이야말로 잠재 능력을 이끌어 낼 수 있는 유일한 도구다. 잊지 말자! 바보는 질문하지 않는다는 사실을 말이다.

인문독서
톡! Talk?

삶을 변화시키는 두 가지 키워드 : 간절함과 영감

2016년 8월 말부터 시작된 슬럼프가 여러 달 나를 괴롭혔다. 그때는 내 안이 절망감과 두려움으로 가득해서 무기력한 모습으로 하루하루를 살고 있었다. 당시 썼던 글들을 보니 그때의 내 모습이 그려진다. "요즘 쌍둥이를 보면서 더욱 저를 돌아보게 됩니다. 매 순간 즐거워하는 모습. 그러나 요즘 무언가 모를 두려움 때문에 저를 간혹 놓고는 합니다. 전혀 그럴 만한 이유가 없는 것 같은데도 가슴이 답답하네요. 그래서 저를 답답하게 만드는 원인들을 쭉 적어 보았습니다. 그런데 웬걸? 없는 것 같으면서도 조금씩 스멀스멀 기어 나오는 녀석들. 이제 나름의 원인들을 발견했으니 하나하나 이겨 나가면 그만입니다. 그럼요! 그럼 됩니다. 그래서 이렇게 선포해 봅니다. '너는 할 수 있다. 그리고 반드시 해낸다' 라고 말이죠. 요즘 저는 계속 흔들리고 또 흔들리고 있습니다. (중략) 어서 이 흔들림을 이겨 내고 참 어른이 되어 직장에서, 가정에서, 그리고 제 자아로부터 멋진 비상을 하고 싶습니다."

2017년 3월 19일 새벽, 갑자기 잠에서 깼다. 시계를 보니 3시 10분이기에 다시 잠을 청하려고 하는데, 내면에서 한 목소리가 들렸다. "진수야! 변하고 싶지 않니? 지금 있는 그 두려움을 이겨 내고 싶다고 하지 않았니? 이겨 내고 싶다면 어서 자리를 박차고 일어나."

일어나서 찬물을 한 잔 마시고 세수를 했다. 잠이 확 달아났다. 책상에 앉는데 조성희의 『뜨겁게 나를 응원한다』가 눈에 들어 왔다. 필사용 책이었다. 몇 장을 넘겨 보다 다음 구절을 필사했다.

배움의 과정

인생은 학교다
삶에서 일어나는 모든 일들 중에
교훈을 담고 있지 않은 일이란 없다.
내가 그것을 배운다면
새로운 나로 진화할 수 있다.

예전에는 6시에도 일어나기 힘들어하던 내가 그 뒤로 새벽 4시에는 어김없이 일어나서 필사로 하루를 시작했다. 하루도 빼먹지 않고 계속하다 보니 어느덧 습관이 되었다. 나는 블로그에 그와 관련된 글을 올리기 시작했다. 이름하여 '밀알샘 미라클 모닝 필사'. 어느덧 미라클 모닝 필사를 시작한 지 40일이 지났을 때 한 강연회에서 조성희 작가를 만나게 되었다. 나는 그녀의 말을 한 마디도 놓치지 않기 위해 기록을 했다. 그녀는 '의리'라는 키워드로 자신의 이야기를 시작했다. 그녀는 과거의 자신을 이렇게 표현했다. "나는 찌질이다. 나는 말주변이 없다. 나는 아프다. 나는 글재주도 없다. 나는 언어 머리가 아니다. 죽기 전에 말라나 보자."

그리고 현재의 자신을 이렇게 표현했다. "나는 뭐든지 할 수 있다. 나는 행복하다."

그녀가 삶을 바꾸게 된 계기는 Desperation(간절함)과 Inspiration(영감) 두 가지 때문이다. 그 두 가지는 그녀의 삶을 송두리째 바꿔 놓았다.

'내게는 어떤 간절함이 있을까? 나에게도 영감이 있을까?' 강의 도중 수많은 생각이 머릿속에서 계속 맴돌았다. 나는 그 누구보다 간절했다. 당시는 두려움에서 벗어나고픈 간절함이 강했었다. 그날 강연을 들은 뒤로 두려움은 서서히 사라졌다. 그리고 미라클 모닝 필사를 하면서 삶에 더욱 자신감을 갖게 되었다. 교육자로서 자아가, 한 집안의 가장으로서 자아가, 나 자신을 바라보는 자아가 모두 서서히 회복되어 가고 있었다. 그와 동시에 하나의 목표가 생겼다. "다시 책 쓰기 작업을 시작하자. 목차부터 새롭게 시작하자." 조성희 작가와의 만남이 아니었다면 이 책은 세상에 나오지 않았을지도 모른다. 그만큼 나에게 그 강연회는 간절함과 영감을 발견할 수 있었던 소중한 자리였음이 분명하다.

간절함은 나에게 '열 · 고 · 가'의 법칙을 선물해 주었다. '열 · 고 · 가'는 열정, 고독(고난), 가슴 뛰는 삶의 앞 글자를 따서 지은 이름이다.

그것에는 많은 의미가 있다. 일단 어떤 새로운 세상으로 나아갈 때는 반드시 문을 열고 통과해야 한다. 이때 문은 고난이 될 수도 있고, 어떤 임계점이 될 수도 있으며, 행복의 문이 될 수도 있다.

박성후의 『포커스 씽킹』에는 사형을 앞둔 28살 청년의 일화가 나온다. 그는 아버지가 농노들에게 죽임을 당하는 모습을 보고 큰 충격을 받아 사회주의 출판물을 만들어 배포하다 체포되었다. 사형을 앞둔 그에게 마지막 5분이 주어졌다. 마지막 5분을 어떻게 쓸 것인지 고민한 그는 자신을 아는 모든 사람에게 작별 기도를 하기로 했다. 흐르는 눈물을 삼키며 가족과 친구들에게 작별 인사와 기도를 하고 나니 2분이 훌쩍 지나 버렸다. '아, 이제 3분 뒤면 내 인생도 끝나는구나'라고 생각하는 순간 눈앞이 캄캄해졌다. 그제야 28년이란 세월을 아껴 쓰지 못한 것이 참으로 후회되었다.

"아, 다시 한 번 인생을 살 수만 있다면……." 하고 회한의 눈물을 흘리는 순간 기적이 일어났다. 황제가 사형 집행을 중지하라는 명령을 내린 것이다. 구사일생으로 풀려난 그는 이 마지막 5분을 생각하며, 평생 최선을 다해 삶을 살았다고 한다. 그가 바로 러시아 대문호 도스토옙스키다.

"인생의 커다란 변화를 만들고 싶다면, 당신에게 필요한 건 영감 혹은 절망이다." 토니 로빈슨은 이렇게 이야기한다. 나는 그 두 가지를 모두 경험한 것이다. 어쩌면 신의 축복을 받은 것일 수도 있겠다는 생각이 들었다. 에너지가 생기니 독서도 더 열정적으로 하게 되었다. 그리고 "아이디어를 듬뿍 주고 영감을 불러일으키는 책을 읽어라."는 앤드류 매튜스의 말처럼 책을 읽을 때마다 내 안에서 수많은 영감이 생겨나고 있다. "영감은 오직 고독 속에서만 얻을 수 있다."라는 괴테의 고백을 예전에는 머릿속으로만 알았지만, 지금은 가슴속 깊이 느낀다. 당신의 간절함과 영감을 응원한다.

| 3부 |

인문독서 사례를 공개하다

01.

나만의 책 100권 플랜, 7:3 법칙을 써라

우리는 살면서 100이라는 숫자에 많은 의미를 부여한다. 아이의 100일 잔치를 비롯해서 연애에서 사귄 지 100일, 시험 점수도 100점, 수능 100일 전 등 이 100이란 숫자에 의미를 부여한다. 나는 100이란 숫자를 보면 두 가지가 생각이 난다. 인물과 대학교가 그것이다.

첫 번째는 세종대왕이라는 인물이다. 세종대왕은 100번 읽고 100번 필사하는 '백독백습'으로 유명하다. 교실에 이 글자를 써서 붙여 두었다. 아이들이 이것을 보고 조금이나마 세종대왕의 마음을 느꼈으면 좋겠다. 나도 이 글자를 보면서 스스로에게 '오늘도 멋진 글귀가 내 가슴 속에 살아 숨 쉬도록 백독백습할 것이다'는 긍정의 암시를 보내고는 한다.

두 번째는 시카고대학교다. 강영우 박사는 『우리가 오르지 못할 산은 없다』에서 시카고대학교를 이렇게 소개한다. "시카고대학이 노벨상

왕국이 된 데는 항존주의 교육 철학의 시조인 로버트 허친스 총장의 공적이 컸다. 1890년에 창설된 후 별 볼일 없는 대학으로 1929년까지 유지되어 오던 시카고대학은 로버트 허친스 박사가 총장이 되면서 교육의 일환으로 고전 100권을 각 분야에서 읽도록 했다."

이를 시카고 플랜이라고 하는데, 인류의 위대한 지적 유산인 철학 고전을 비롯해 각 분야의 고전 100권을 선정한 뒤 이 책을 읽지 않은 학생들은 졸업하지 못하게 했다. 이 플랜을 처음 도입할 당시에는 많은 반대도 있었지만, 지금은 90여 명의 노벨상 수상자를 배출할 정도로 명문대학으로 바뀌었다. 즉, 시카고대학교를 명문 대학으로 만든 것은 '시카고 플랜'의 공이 가장 컸다. 학생의 두뇌를 인문고전 100권으로 한 단계 더 업그레이드한 것이다. 100을 한자로 쓰면 百(온, 백)이다. '온'이란 '온전함', '완전함'을 의미한다. 온전한 지혜를 체득화・내면화하여 미래 지향적인 리더로 성장하기 위한 시카고대학교의 천리안이 아니었을까? 100권에는 『미합중국 독립선언서』부터 『플루타크 영웅전』, 『국부론』 등 지금까지도 많은 사람이 읽고 있는 책이 포함되어 있다.

'시카고 플랜'에 선정된 100권의 책을 교실이나 거실에 놓아두고 부모와 아이가 함께 하나씩 정복해 나간다면 그 가정의 미래가 어떻게 변할지 기대가 된다. 물론 나부터 그것을 실천하는 중이다. 어렵게 느껴지는 책도 있지만 괜찮다. 세종대왕의 '백독백습' 힘을 믿기에 열심히 필사까지 겸한다. 아이의 미래에 부모는 관심이 많다. 우리 아이에게 '시카고 플랜'이라는 특별한 교육을 해 보고 싶지 않은가? 물론 100권을 모두 탐독한다고 바로 아웃풋이 되지는 않을 것이다. 나는 '나만의 100권 플랜 리스트'를 만들어 볼 것을 권한다.

대나무 중에 모죽이라는 것이 있다. 모죽은 씨를 뿌리고 5년간은 작은 순 외에는 나오지 않는다. 그러다 다섯 해가 지날 무렵부터 하루에도 수십 센티씩 무서운 속도로 자라나 거의 25미터에 이른다. 5년간 모근은 땅속에서 뿌리를 키우며 차근히 도약을 준비한 것이다.

나는 '나만의 100권 플랜 리스트'를 이렇게 실천한다. 한 달에 한 권 '시카고 플랜'에서 선정한 인문고전 중 하나를 선택해서 총 분량을 계산한 뒤 매일 읽을 분량으로 쪼갠다. 새벽에 일어나 미라클 모닝 필사를 하고는 인문고전을 우선순위로 읽은 뒤 다른 책을 읽는다. 인문고전을 제대로 흡수하는 것은 쉽지 않기 때문에 큰 욕심을 버리고, 매달 한 권씩 독파하는 10년 장기 플랜을 세운다. 매달 한 권이면 1년에 12권이 되고, 꾸준히 실천하다 보면 9년 뒤에는 시카고 플랜의 인문고전을 모두 섭렵할 수 있을 것이다. 꾸준히 실천하면 가속도가 붙게 되어 더 빨리 섭렵할 수도 있다. 독서는 등속도가 아닌 가속도의 법칙을 따르기 때문이다. 이것은 경험한 사람만이 알 수 있는 법칙 중 하나다.

그동안 다양한 책을 읽었다. 읽으면서 알게 된 사실은 정독해서 읽어야 할 책, 핵심만 파악하면서 읽어도 되는 책, 쭉 훑어보면서 읽어야 할 책 등 나름 구분이 된다는 점이다. 책의 표지, 뒷면, 목차, 머리말만 봐도 이 책에서 주는 메시지를 파악하게 된다. 다시 보고 싶은 책, 그렇지 않은 책 등 개인적인 기준 또한 정해진다. 다시 보고 싶거나, 봐야 될 책은 나만의 책 100권 목록에 포함한다. 거실에 비치되어 있는 책장 한 쪽에 감사한 마음으로 책을 놓는다. 언제든지 볼 수 있도록 반드시 구입을 한다. 몇 번이고 다시 되새겨야 할 책들이다. 누군가의 추천도서가 나에게 모두 적용되는 것은 아니기에 나만의 책 100권 리스트를 만드는 것은 정말 중요하다. 그것이 내 삶을 더욱 살찌우기 때문이다. 그렇다고 영원히 목록에 포함되는 것은 아니다. 우선순위는 항상 바뀌게 되어 있다. 내 의식이 성장하면 할수록 목록 또한 수시로 바뀐다. 그렇다고 꼭 100권을 만들 필요는 없다. 이것은 단지 상징성이다. 더 하고 싶으면 200권, 300권도 괜찮다. 물론 50권도 괜찮다. 그것은 각자가 정하는 기준으로 하면 된다. 나는 100이란 숫자에 의미를 두기 때문에 100권을 이야기한 것이다.

1년에 100권을 읽는 목표를 달성하려면 일주일에 적어도 2권은 꼭 읽어야 한다. 아직 나이가 어린아이들은 교사나 부모가 함께 책을 선정해 준다. 추천도서에 연연하기보다는 교사나 부모가 감명 깊게 읽은 책 중에서 고르면 좋다. 나는 스펜서 존슨, 호아킴 데 포사다 등이 쓴 스토리텔링 위주의 책을 아이들에게 추천한다. 내가 읽은 느낌을 이야기해 주면 아이들은 초롱초롱한 눈빛으로 바라보면서 경청한다. 책을 들고 "이 책 읽어 보고 싶은 친구 있나요?"라고 말하면 너도나도 손을 든다. 다양한 방법으로 책 읽을 아이를 선정하고는 순서대로 읽게 하면 된다. 그런데 놀라운 사실은 아이들은 제 순서를 기다리지 않고 책을 구입한다는 점이다. 이때가 아이들 스스로 책 속에 빠지는 순간인데, 자연스러운 독서토론으로 연결되기에 어른이 먼저 읽은 책을 추천하면 좋은 이유가 이것이다.

'나만의 책 100권 만들기' 플랜을 도입하는 시기로 초등학교 5~6학년을 가장 최적기로 여긴다. 이성이 가장 발달하는 이 시기는 사춘기가 시작되는 시기이기도 하다. 이때는 호르몬의 변화로 이유 없이 반항하기 시작하고, '나는 누구인가?'라는 내재적 질문을 함으로써 불안을 느껴 쉽게 짜증과 화를 낸다. 이 시기는 자연스러운 변화를 겪는 과도기일 뿐이다. 이 시기에 자기계발서나 성공서를 읽으면, 불안한 감정은 어느새 사라져 한 단계 더 성숙된 자아를 형성할 수 있다. 그래서 주변을 보면 책을 읽는 아이는 사춘기가 있는 듯, 없는 듯 평온하게 지나간다. 100권 플랜에서 70권은 자기계발서, 성공서, 인문고전 등을, 나머지 30권은 아이가 선정한 책으로 구성한다. 이때 부모가 반드시 함께 100권 플랜에 동참해야 한다는 점이 중요하다. 아이는 부모를 본보기로 삼기 때문이다. 이 100권 플랜은 모죽의 뿌리와 같다. 5년 동안 내실 있게 뿌리를 내려 사회에 나가는 시기에 폭발적인 도약을 할 것이라 믿어 의심치 않는다.

지금부터 나만의 책 100권 리스트를 만들어 보자. 이것으로 여러분과 아이들의 내적 힘은 점점 강해져서 그 어떤 역경이 와도 쉽게 이겨내는 힘을 기를 수 있을 것이다. 앤서니 라빈스의 말이 더욱 기대되는 하루가 반드시 올 것이다.

"지금부터 10년 후는 반드시 온다."

02.
하루 10분 『논어』로 시작하게 하라

새벽 4시 30분! 알람시계는 이 시간으로 설정해 두었지만, 나는 알람이 울리기 전에 일어난다. 일어나서는 매일 감사의 기도, 자기 확신의 말(자기 암시), 미래의 모습 상상, 미라클 모닝 필사+글쓰기, 성경 필사, 감사일기 작성, 독서, 스트레칭 등을 반복한다. 하루를 계획하면서 오늘은 어떤 기적이 일어날지 꿈꿔 본다. "인생에는 두 가지 삶밖에 없다. 한 가지는 기적 같은 건 없다고 믿는 삶. 또 한 가지는 모든 것이 기적이라고 믿는 삶. 내가 생각하는 인생은 후자다." 아인슈타인의 이 글을 읽고 나서는 하루를 기적이라고 믿는 삶을 살기로 했다. 아침마다 만나는 우리 반 아이들에게도 내가 느끼는 기적을 체험해 주고 싶었다. 그러다 생각한 것이 『논어』다.

『논어』는 동양의 고전 중 지금까지 가장 많이 읽혔고, 앞으로도 계속 읽힐 고전 중의 고전이다. 각종 인터뷰와 책에서는 많은 위인이 『논어』를 통해 변화된 모습을 이야기한다. 시카고 인문고전 100권 플랜에도 들어 있을 정도로 실로 대단한 책이다. 삼성전자 초대 회장인 이병철은 『논어』를 삶의 지침서로 삼아 지금의 삼성전자를 이룩할 수 있었다고 고백한다. "가장 감명을 받은 책을 들라면 서슴지 않고 『논어』라고 말할 수밖에 없다. 나의 생각이나 생활이 『논어』의 세계에서 벗어나지 못한다 해도 오히려 만족한다."

『논어』 중 「옹야」편에서는 "무언가를 안다는 것은 그것을 좋아하는 것만 못하고, 좋아하는 것은 즐기는 것만 못하다."라고 이야기한다. 책으로도 얼마든지 즐길 수 있음을 아이들이 발견하는 것만으로도 매우 의미가 있을 듯했다. 책을 모두 사야 할지, 아니면 내가 좋아하는 구절을 프린트해서 함께 읽으면 좋은지를 고민하다 학부모에게 책 구입을 권장하는 문자를 모두 보냈다. 다행히 모두 구입했고, 학기초부터 함께 『논어』를 탐독할 수 있었다. 책과 함께 '한 소절 노트'(전교생 고전 프로젝트를 운영하고 있는 송재환 선생님의 아이디어 활용)를 준비하여 하루 30분 『논어』 몰입 독서를 실시했다.

정규교육 과정을 운영하는 수업 시간에 하루 30분씩 책만 읽기는 쉽지 않다. 특히 9시 등교가 일반화된 이후로는 교사가 따로 활용할 수 있는 시간이 거의 없다. 창체 시간을 활용하면 되지 않느냐고 반문할 수도 있지만, 그것 또한 다양한 학교 행사와 동아리 활동 등으로 시간이 부족한 것이 사실이다. 그리고 각 교과의 진도를 고려했을 때 하루 30분은 결코 쉽지 않은 시간이다.

본격적으로 시작하기 전에 아이들에게 『논어』를 완독한 사람이 있는지 물어보았더니 한 명도 없었다. 나 역시도 마찬가지였다. 그동안 『논어』를 조금씩 읽었지만, 단 한 번도 완독하지 못한 내 모습을 먼저 반성하게 되었다. 그래서 오히려 이것이 좋은 기회로 여겨졌다. 아이들과 함께 『논어』를 통해 의식이 성장하는 발판을 마련하기로 다짐했다.

이 프로젝트는 이렇게 운영했다. 25분 읽고, 5분은 필사하는 방식으로……. 아이들에게 공자에 대한 것을 이야기하고, 이 책에서 영향을 받은 수많은 위인을 소개하면서 계속 동기부여를 했다.

"과연 대한민국 초등학생 중 이 책을 제대로 읽은 친구가 몇 명이나 있겠니? 아니 어른들까지 포함해도 상위 5% 안에는 들지 않겠니? 이 책으로 공자와 이야기한다 생각하고 푹 빠져 보렴. 오늘 이 시간에 공자가 우리 반에 와서 강의한다고 생각한다면 그의 말을 녹음하고, 동영상으로 촬영하고, 토씨 하나 놓치지 않고 받아 적으려고 하겠지? 바로 이 책에 그가 하고 싶은 말이 다 실려 있으니 이보다 좋은 만남이 어디 있겠니?"

아이들의 눈빛이 초롱초롱했다. 아이들과 함께 목표를 설정했다. 매달 1회 완독하기. 칠판 앞에 체크리스트를 적어서 누구나 볼 수 있게 게시했다. 아이들은 내 생각 이상으로 공자를 좋아했다. 그리고 흡수력이 대단했다. 그동안 좁은 생각의 틀 속에서 아이들을 바라본 것 같아 미안함과 고마움이 동시에 느껴졌다. 이를 계기로 아이들의 사고를 바라보는 편견을 없애 버렸다. 아이들에게는 놀라운 잠재력이 있음을 다시 한번 몸소 체험했기 때문이다.

1차 목표는 『논어』라는 책을 한 번 완독하는 것이다. 일주일이 지나지 않아 절반의 아이들이 1독을 했다. 아이들에게 물어보니 너무 재미있어서 집에서도 읽었다는 것이다. 심지어는 한 달이 지나지 않았음에도 5독까지 한 아이들도 있었다. 물론 빨리 읽고, 많이 읽었다고 해서 『논어』를 이해했다고 볼 수는 없겠지만, 아이들의 진지한 태도가 너무 훌륭하지 않은가.

나는 공자의 이야기를 읽고 아이들이 심성의 밭을 가꾸기 원했다. 처음 읽으면서 씨앗을 뿌리고, 다시 읽으면서 싹이 트고 뿌리를 단단히 내리며, 줄기가 나고 열매를 맺는 등 아이들의 인성이 더욱 견고하게 자라나기를 바랐다. 하지만 실제로는 그 이상의 경험을 했다. 아이들이 스스로 변하기 시작한 것이다. 물론 그렇다고 욕설, 폭력 등 부정적인 것들이 완전히 없어졌다는 말은 아니다. 정도의 차이는 있지만, 확실히 『논어』를 통해 아이들 인성의 키가 조금은 자랐다고 느낀다. 학급에서 운영하는 '감사노트'에도 공자에게 감사하는 내용이 점점 많아졌다.

아이들은 그 책을 읽으면서 '한 소절 노트'를 꾸준히 썼다. 너무 열심히 쓰기에 "억지로 안 써도 돼."라며 농담을 건넸더니 오히려 "선생님께서 자신에게 감명 깊은 구절은 적으라고 하셨잖아요. 그래서 적는 것뿐이에요."라며 핀잔을 주는 아이도 있었다. 교사로서 뿌듯한 순간이었다. 아이들의 '한 소절 노트'가 쌓여 갈 때마다 아이들의 꿈도 자라는 기분이 들었다.

세 달간 매일 읽었다. 학교 행사에, 교과 진도에 쫓기면서도 이것을 읽고 쓰고 나누는 것을 멈추지 않았다. 습관이 되자 30분을 10분으로 줄였다. 나머지 20분은 아이들 스스로 시간을 채워 나갔다. 나는 '어떻게 하면 아이들에게 더 의미 있는 활동을 할 수 있을까?'를 계속 고민했다. 그러던 중 세계적 동기부여가인 호아킴 데 포사다의 『난쟁이 피터』에서 좋은 아이디어를 포착했다. 책 줄거리를 간략히 소개하면 이렇다.

남보다 한참 키가 작아 난쟁이라 불린 소년이자 분노조절장애로 친구 하나 없이 외로웠던 피터는 행복을 찾아 하버드에 간 택시 운전사다. 그는 『시카고트리뷴』에서 한 장의 카드로 인생을 바꾼 기사를 읽은 뒤 '드림카드'를 택시 안에 배치해 놓는다. 그리고 그의 택시를 탄 승객들은 한 장의 카드를 뽑아서 멋진 인생을 펼쳐 나간다.

이 책을 읽다 이런 생각이 들었다. '나도 우리만의 드림카드를 만들어 봐야겠다!' 그래서 바로 아이들에게 '드림카드'의 취지를 설명하고 제작에 들어갔다.

"자! 여러분 그동안 공자와 대화하면서 '한 소절 노트'에 부지런히 적었지요? 이제는 그 노트를 펴서 가장 의미 있게 다가온 구절을 포스트잇에 담아 봅니다. 먼저, 구절을 포스트잇에 적어요. 다음으로 출처를 적고, 마지막으로 선택한 이유를 적습니다. 이 세 가지를 한 포스트잇에 담아 보세요. 그것을 코팅해서 매일 아침에 하나씩 무작위로 뽑을 거예요. 그날 뽑은 명언을 외우세요. 그것이 내면에 쌓이면 엄청난 변화를 느낄 수 있을 것입니다. 자! 이제 나만의 드림카드를 만들어 볼까요?"

회의를 거쳐서 이것을 '밀알드림카드'로 불렀다. 네이버에서 '밀알드림카드'로 검색하면 방법을 자세히 볼 수 있다. 아이들이 적은 감동 깊은 구절은 이렇다.

"배우고 때때로 그것을 익히면 또한 기쁘지 않는가?"

"말을 교묘하게 하고 얼굴빛을 곱게 꾸미는 사람들 중에는 인(仁)한 이가 드물다."

"남이 자신을 알아주지 못할까 걱정하지 말고 내가 남을 제대로 알지 못함을 걱정해야 한다."

"옛것을 익히고 새로운 것을 알면 스승이 될 만하다."

"무언가를 안다는 것은 그것을 좋아하는 것만 못하고, 좋아하는 것은 즐기는 것만 못하다."

종례 시간이면 각종 명언을 암기하는 아이들의 목소리를 들을 수 있다. 한 줄로 서서 '밀알드림카드'를 들고 내 앞에서 눈을 맞추고는 암송한다. 그러고 나서 하이파이브를 하고는 집으로 향한다. 처음에는 익숙지 않아서 잊어버리면 다시 보고 암기했지만 이제는 입에서 자동으로 명언들이 튀어나온다. 심지어는 다투면서도 명언을 활용할 정도가 되었다. 나는 말의 힘을 믿는다. 아이들이 암송하는 명언 그대로 인생이 펼쳐지리라고 기대한다.

하루 10분만이라도 『논어』 읽기에 도전해 보자. 하루 10분만 투자해도 인생의 풍요로움을 만끽할 수 있을 것이다. 오늘 읽은 것 중 하나만 실천해도 누구나 제2, 제3의 공자가 될 수 있다고 믿는다. "나는 태어나면서 세상의 도리를 안 사람이 아니라 옛것을 좋아하여 부지런히 그것을 추구한 사람이다." 공자의 이 고백이 여러분의 고백이 되기를 소망한다.

03.
책 : 읽고, 생각하고, 쓰고, 실천하라

나는 『어린 왕자』를 35세에 처음으로 읽었다. 많은 감동을 받았는데, 그중 뱀과 꽃이 나눈 대화는 특히 더했다.

"사막이란 곳은 무척 쓸쓸하구나!"
"인간들이 있는 곳도 역시 쓸쓸해." 뱀이 말했다. 뱀과 헤어진 후 한참 사막을 걷다가 만난 꽃 한 송이. 인간이 있는 곳을 묻자 꽃이 말한다.
"어디서 만나게 될지 알 수 없지요. 인간들은 바람에 밀려다니니까요. 그들은 뿌리가 없기 때문에 살아 나가기가 무척 힘이 들 거예요."

마치 내 약점을 들킨 기분이었다. 남의 시선에 이리저리 흔들리면서 살아가던 모습을 말이다. 앞으로 삶을 어떻게 가치 있게 살아야 할까 고민했다. 그리고 내가 추구하는 가치가 무엇인지 적어 보았다.

제자들에게는 멋진 배움의 길을 인도하는 동기부여가로서, 자녀들에게는 교육에서 꿈과 비전을 찾아 멋진 가정을 이루는 부모로서, 교사들에게는 학생과 관계, 교사와 관계를 비롯해 학급 운영, 자기 경영을 위해 함께 성장하는 촉진자로서 나에게 가치가 있음을 알게 되었다. 그리고 그것을 실현하려고 부단히 실천해 나가는 중이다.

내 수업 방식의 핵심은 읽고, 생각하고, 쓰고, 실천하는 것이다. 국어, 도덕 등에서 주로 활용하는데, 아이들의 생각을 함께 나눌 수 있어서 좋다. 같은 글을 읽고도 생각이 다 다르다. 5학년 국어 교과서에서 『옹고집전』을 읽은 아이들의 생각은 저마다 달랐다.

“옹고집은 자기한테 쓰는 돈은 아깝지 않고 가족에게 쓰는 돈은 아까워한다. 남을 전혀 배려하지 않는다. 나는 옹고집과 달리 가족을 위해 돈을 아끼지 않을 것이다.”, “옹고집이 나중에라도 반성한 것이 다행인 것 같다. 부모님께 잘해야겠다. 오늘 집에 가서 밥을 해야겠다.”, “병에 걸린 어머니에게 약도 안 지어 드리다니 옹고집이 무척 효도를 안 한 것 같다. 나는 일주일에 한 번이라도 빨래를 도와드려야겠다.” 이렇게 아이들은 저마다의 시각에서 옹고집을 바라보고, 생각하고, 실천할 거리들을 찾았다. 읽고, 생각하고, 쓰고, 실천하는 것은 하나가 되어야 한다. 어느 것 하나 버릴 것이 없다. 서로 유기적으로 연결되어 있기 때문이다.

나는 독서를 하기 전 늘 기도를 한다. 나에게 이 책을 통해 적용할 수 있는 지혜를 달라고 말이다. 나름의 주문을 외우는 것이다. 그러면 신기하게도 책 속 문장들이 살아서 나에게 다가온다. 처한 상황에 알맞은 해

답을 주는 주옥같은 문장들을 발견한다. 이때는 책장을 잠시 덮고 생각에 잠긴다. "좋은 책은 책장을 자주 덮게 만드는 책"이라는 법정 스님의 말이 언제부턴가 나에게도 적용되기 시작했다. 읽은 것들이 내 안에서 축적되는 순간이다. 그래서 빌 게이츠는 생각 주간을 만들어서 그 기간 동안 각종 아이디어를 창출했나 보다. 세종대왕 또한 독서 휴가인 사가독서를 통해 읽고 생각했으며, 김대중 대통령은 1시간 읽고 1시간 생각한다고 하지 않았던가. 그만큼 생각의 힘은 중요하고 대단하다.

그럼 그 생각을 생각으로만 끝낼 것인가? 아니다. 생각과 동시에 바로 써야 한다. 모택동은 "붓을 들지 않는 독서는 독서가 아니다."며 강력한 어조로 이야기했다. 그는 가난한 농부로 태어났지만 독서로 중국의 혁명을 이끈 위대한 지도자가 되었다. 『모택동 자서전』에 나온 그의 일화는 독서가 얼마나 중요한지 알려 준다.

"성립제일중학교에 입학했는데, 나는 이 학교를 좋아하지 않았습니다. 교과 과정에 지나치게 제한이 많았고, 규정 또한 못마땅하기 때문입니다. 나는 다른 학생들이 귀가한 후에도 홀로 교실에 남아 독서를 했습니다. 어두워서 보이지 않으면 양초를 바꿔서 읽었습니다. 이 학교에는 여러 가지로 나를 도와준 선생님이 한 분 있었습니다. 그분이 빌려준 『어비통감집람』을 읽은 뒤에 나는 혼자서 책을 읽으며 공부하는 것이 낫겠다고 결론을 내렸습니다. 입학한 지 6개월 만에 나는 이 학교를 그만두었습니다. 대신에 매일 호남의 설립도서관에서 독서를 했습니다. 나는 규칙적으로 집중해서 매우 열심히 책을 읽었습니다. 아침 일찍 도서관에 가서, 도서관 문이 열리기를 기다렸습니다. 점심은 떡 두 개로 해결했습니다. 그러고는 도서관 문이 닫힐 때까지 책을 읽었습니다. 이렇게 보낸 6개월이 나에게는 참으로 귀중한 시간이었습니다."

그는 단순히 책을 읽는 것에 그치지 않고 사고를 더욱 확장시켜 나갔다. 그리고 그것을 몸소 실천했다. 불가능을 뜻하는 영어 단어인 'Impossible'에 점 하나를 찍으면 'I'm possible', 즉 '나는 가능하다'는 전혀 다른 의미로 바뀐다. 실천이 바로 그 점 하나를 완성시킨다. 읽고, 생각하고, 쓰는 것에서 그치지 말고 실천으로 연결한다면 책 속의 가치가 내 안에서 살아 움직이는 놀라운 경험을 할 수 있다. 그래서 아이들에게 계속 책을 읽고 그것을 실천하도록 동기부여를 하는 것이다.

『어린 왕자』에서 여우는 이렇게 말한다. "그럼 비밀을 가르쳐 줄게. 아주 간단한 거야. 오직 마음으로 보아야 잘 보인다는 거야. 가장 중요한 건 눈에 잘 보이지 않아."

변화를 꿈꾸는가! 그럼 읽고, 생각하고, 쓰고, 실천하기를 계속 반복하자. 하늘이 감동하여 결국에는 마음으로 책을 볼 수 있는 선물을 반드시 줄 것이다.

04.
독서 : 생각하는 방법을 가르치는 것이 진짜 교육이다

김성효의 『행복한 진로교육 멘토링』을 읽던 중 책장을 덮게 만드는 글을 발견했다. "생각하는 방법을 가르쳐야지, 생각한 것을 가르쳐서는 안 된다." 순간 정신이 번쩍 들었다.

'나는 과연 그동안 아이들에게 생각하는 방법을 가르쳤던가? 아니면 생각한 것을 가르쳤던가? 내 생각의 틀 속에 얽매여 아이들에게 붕어빵 찍듯이 내 생각을 강요한 것은 아닐까?'

무서운 생각이 들었다. '교사로서 내 역할이 정말 중요하구나!' 강하게 느낀 순간이었다. 어떻게 아이들에게 생각하는 방법을 가르쳐 줄 수 있을까를 계속 고민했다. 그러다 김병완의 『인생혁명』을 읽으면서 하나의 아이디어가 떠올랐다. 한국을 방문한 노벨재단 평의회이사인 베르틸 안데르손은 "한국에서 노벨상 수상자가 나오려면 어떻게 해야 하느냐?"라는 질문에 이렇게 대답했다. "노벨상은 '자유롭게 생각하는 사람들(Free Thinkers)'이 많아져 혁신이 일어나는 '임계점(Critical Mass)' 이상이 될 때 탄생한다. 한국도 그런 프리 싱커들이 많이 배출되어야 한다."

나는 당시 블로그에 흥미를 느끼고 있었다. 내가 좋아하는 책, 나를 비롯한 우리 아이들의 이야기를 하나씩 기록하면서 많은 이웃과 소통하는 재미에 빠져 있었다. 블로그를 운영하면서 네이버 '블로그씨'에서 매일 다른 질문을 한다는 것을 알게 되었다. 나는 매일 여기에 답변을 달았다. 예를 들어 '어제의 운세를 적어 볼까요?'라는 블로그씨의 질문에 이렇게 답변했다.

"아이들 데리고 함께 병원 진료 받은 것, 아이들 생일맞이 따뜻한 점퍼 구입한 것, 집에 와서 자기 전까지 아빠 육아 전념 등 어제의 운세를 한 단어로 표현하자면 '감사'라고 할 수 있다."

나는 운세라는 말에 크게 관심이 없었는데, '블로그씨 질문' 덕분에 이 날 내 운세를 생각해 보게 되었다. 그러다 이것을 아이들 교육에 접목시켜 보자는 생각이 났다. 당시는 방학 기간이었기 때문에 빨리 아이들이 보고 싶었다. 개학날이 되자 나는 아이들에게 오늘의 '블로그씨 질문'이 무엇인지를 물어본 뒤 칠판에 이렇게 적었다. "From 블로그씨 단발머리와 긴 머리 중 어떤 게 더 예뻐 보여요?"

아이들에게 A4용지를 나눠 준 뒤 1/4 정도 분량으로 자신의 의견을 적어 보라고 했다. 한 아이는 이렇게 말했다. "아 선생님 너무 해요! 이 재미있는 것을 우리는 며칠 밖에 못하고."

배움을 재미로 느낀다면 이미 반 이상은 성공한 것이다. 나는 이날 다양한 사고를 공유하는 집단지성의 힘을 보았다. 아이들은 저마다 즐겁게 발표했고, 나는 아이들의 소중한 의견을 모아서 사진으로 담았다. 그러고는 '밀알샘 블로그 학급 경영'이라는 제목을 붙여 열심히 아이들이 작성한 생각 나눔을 글로 정리해서 내 대답과 함께 블로그에 올렸다. 게시글은 밴드를 통해 공유했다. 아이들과 학부모들은 언제든지 '선생님의 생각+친구들의 생각+자신의 생각'을 블로그에서 확인할 수 있었다.

다음 날 학교에 온 아이들은 집에서 부모와 '블로그씨 질문'을 했는데 재미있었다고 했다. 나는 순간 '밥상머리교육'이 떠올랐다. 언제부턴가 '밥상머리교육'이 화두였는데, 나는 이 '블로그씨 질문'을 통해 서로의 공감대를 조금이나마 밥상으로 인도할 수 있었다고 생각한다.

그 뒤로 매일매일 '블로그씨 질문'으로 하루를 열었다. 블로그에 올린 글을 본 한 이웃은 자신도 '블로그씨 질문'으로 아이들과 밥상머리교육을 하고 싶다고 했다. 그러고는 며칠 뒤 아주 효과가 좋다면서 감사의 인사를 전해 왔다.

밥상머리교육은 중요하다. 쓰레기 마을이었던 톤도에서의 가치관 교육을 책으로 엮은 『가장 낮은 데서 피는 꽃』에서는 밥상머리교육의 중요성을 무려 7쪽에 걸쳐 강조한다. "아무리 바쁜 일정에도 매일 오후 여섯 시 반이면 집무실에서 올라와 가족과 함께 식탁에 앉는다는 미국의 오바마 대통령, 오후 다섯 시 반이면 무슨 일이 있어도 퇴근하는 걸로 유명한 페이스북의 CEO 셰릴 샌드버그, 그 시각에 집으로 돌아가는 이유는 가족과 함께 저녁 식사를 하기 위해서다. 그들은 단지 함께 모여 식사를 하는 데 그치지 않는다. 펩시의 회장 인드라 누이의 어머니는 저녁 식사 자리에서 자매를 앉혀 놓고 "너희는 고위직에 오르면 세상을 바꾸기 위해 무엇을 할 것이냐?"와 같은 이야기를 하도록 했다. 또 델컴퓨터의 사장 마이클 델과 구글의 공동 창업자 래리 페이지는 저녁 식사를 하면서 세계정세를 논하는 집안에서 자랐다. 그렇게 바쁜 사람이 없는 시간을 쪼개서 밥상머리교육을 실천하는 이유는 그들이 바로 밥상머리교육의 수혜자이기 때문이다."

'밥상머리교육'을 다룬 책을 한 권이라도 읽어 보자. 『밥상머리의 작은 기적』, 『유대인의 밥상머리 자녀교육법』, 『밥상머리 논어+』, 『밥상머리의 행복한 기적』 등 무려 367권이나 있다. 1~2권만 읽어도 자신만의 노하우를 발견할 수 있을 것이다.

나와 아내는 '블로그씨 질문'에 대한 생각을 간략하게 나누는데, 이 시간으로 우리는 비전을 함께 공유하는 셈이다. 서로의 이야기를 나눌 때는 명심할 것이 하나 있다. 바로 절대적 경청! 데일 카네기는 『카네기 인간관계론』에서 경청을 하는 데 가장 좋은 방법을 제시한다. "항상 다른 사람으로 하여금 자신이 중요하다는 느낌이 들게 하라."

밥상머리교육에서 가장 중요한 것은 모든 사람의 의견은 다 다르며, 다르다고 해서 틀린 것은 아니라는 점이다. 각자의 의견을 서로 존중한다면 자유롭게 생각하는 사람이 점점 많아질 것이다. 그러면 베르틸 안데르손이 말한 대로 노벨상 수상자도 배출할 수 있지 않을까?

05.
'이끌려 가는 아이' 보다 '이끌어 가는 아이' 로 만들어라

군대에 있을 때 머릿속에 각인이 된 것이 하나 있다면 바로 '충'에 대한 의미다. 우리를 교육하던 지휘관이 거수경례 구호였던 '충성'의 의미를 설명해 주었다. '충'이라는 한자를 풀이하면 이렇다.

中 + 心 = 忠

그는 마음의 중심에서 우러나오는 것이 '충'이라고 했다. '충성'은 진정성 있는 마음에서 우러나오는 정성을 의미한다며, '복종'과는 전혀 다르다고 했다. 부하를 '복종'하게 만들기는 쉽지만 '충성'하게 하는 것은 어렵다며, 장교로서 부하의 '충성'을 받으라고 했다. 나도 교실에서는 한 명의 지도자인 셈이기에 이 '충'이란 말을 가슴속에 계속 간직하고 있다.

2016년 밀알반 12기 아이들과 함께 광주의 한 안과에서 주최하는 여름과 관련된 시어를 짓는 공모전에 응시했다. 우리 반 은서가 "한 색깔의 바다는 여러 사람들이 함께 만든 웃음소리입니다."로 가작에 당선이 되었다. 나는 종종 아이들과 함께 공모전에 응시한다. 교과서라는 지식의 틀을 벗어나 생각의 틀을 더욱 넓혀 주기 위해서다. 혹여 공모전에서 입선한다면 아이의 자존감은 높아질 것이고, 자연스럽게 다음 동기부여도 얻을 수 있고, 주변 친구들에게도 자극을 줄 수 있다는 1석 3조의 효과가 있다.

은서도 설마 당선이 되겠어 하고 생각했지만, 막상 당선이 되자 무척이나 기뻐했다. 선생님이 시켜서 억지로 했던 아이들도 부러움과 함께 '나도 할 수 있겠다'는 의지를 다졌다. 심지어 당선된 은서는 "선생님! 저 가을편도 준비할 거예요. 하고 싶은 의욕이 더 생겼어요."라며 미래를 스스로 준비했다. 그동안 지식적인 측면에서 교과서라는 틀에 '이끌려 가던 아이'가 이제는 '이끌어 가는 아이'가 된 것이다.

그해 한국교직원공제회에서는 '보험브랜드쏭 따라 부르기' 공모전을 진행했다. 노래를 좋아하는 나였기에 아이들과 도전해 보기로 했다. 김병완의 『인생혁명』에서 "다른 분야의 이질적인 것들을 하나의 지식 저장소이고 처리장인 나의 머릿속에 집어넣어 버리게 되면, 그곳에서 융합이 일어나게 된다."라는 통섭의 원리를 읽고 아이디어가 떠올랐다. 노래+그림+컵타(음악에 맞춰서 컵을 이용해 다양한 동작을 하는 것)를 접목시킨 5단계 작업을 진행했다.

- 1단계. 아이들의 노래를 녹음한다.
- 2단계. 화음을 녹음한다.
- 3단계. 뮤직비디오 그림을 그린다.
- 4단계. 컵타를 한다.
- 5단계. 영상을 편집(베가스 활용)한다.

결과는 최고상인 온리원상을 받았다. 상금 100만 원으로 치킨 파티를 하고는 남은 금액으로 책을 구입했다. 이제는 공모전이 없느냐며 오히려 아이들이 나를 이끈다.

『영어 천재가 된 홍대리』의 저자이자 '박코치어학원' 원장인 박정원은 한 강연회에서 AQ(Achievement Quotient : 성취지수)지수를 높이라고 말했다. 작은 성취를 경험한 사람일수록 자존감이 높고 도전 의식도 강하다는 것이다. 내 목표는 아이들의 성취지수를 높여 주는 것이다. 성취지수를 경험한 아이들은 점차 배움의 즐거움을 느끼기 때문이다.

이 성취지수를 높이는 데 독서가 큰 일조를 한다. 『일독일행 독서법』의 저자 유근용도 독서를 통해 삶이 변화되었다고 앞에서 이야기한 바 있다. 그는 군대에서 읽은 『가시고기』를 시작으로 한 권씩 성취지수를 높여 결국 "내가 원하는 삶을 살고 싶어요!"를 이룰 수 있었다.

성취지수를 높이는 데 가장 중요한 요소는 변화를 두려워하지 않는 것이다. 김태광의 『10대, 네 안에 잠든 거인을 깨워라』에는 두 마리 새가 나온다. 도도새와 도요새가 그것이다. 이름은 비슷하지만 그중 하나는 멸종했다. 이 두 마리 새에게 무슨 일이 일어났던 것일까?

도도새는 인도양의 모리셔스 섬에서 서식하던 새로, 섬에는 먹이가 풍부하고 천적이 없어 힘들게 날아오를 필요가 없었다. 그래서 1505년 섬에 발을 들여놓은 포르투갈인이 다가가도 도망갈 줄 몰라, 신선한 고기를 원한 선원들에게 쉽게 잡혔다. 이후 섬이 네덜란드인의 유형지로 바뀌면서 죄수들과 함께 돼지와 원숭이도 유입되었다. 생쥐, 돼지, 원숭이는 바닥에 둥지를 튼 도도새의 알을 쉽게 잡아먹었고, 인간의 무분별한 남획으로 도도새의 개체 수는 급격히 줄어들었다. 그러다 결국 1681년 도도새는 멸종했다. 학자들은 모리셔스 섬에 천적인 포유류가 없었기 때문에 도도새가 멸종했다고 주장한다. 사방에 먹이가 풍족하고 천적이 없어 나는 능력을 상실했기 때문에 결국 멸종한 것이다.

그렇다면 도요새는 어떠했을까. 땅속에 사는 지렁이를 먹고 사는 도요새는 지렁이에 관해서는 생태학자급의 전문가다. 땅이 말라 지렁이를 찾기 힘들어지면 어미는 새끼를 데리고 나가 부리로 땅을 이리저리 쿵쿵 찍는다. 그러면 거짓말처럼 지렁이들이 위로 올라오기 시작한다. 지렁이는 비가 오는 날에만 땅 위로 올라오는데 말이다. 어떻게 된 걸까? 지렁이는 비가 오는 것을 빗방울이 땅을 때리는 진동으로 감지하는데, 도요새가 이를 이용한 것이다. 부리를 두들겨 빗방울이 땅을 때리는 듯한 진동을 만들어 낸다. 이를 위해 진동에 민감하도록 발바닥도 진화시켰다. 부리로 낸 진동이 진짜 같은지 실험하기 위해서다. 발바닥뿐만이 아니다. 도요새는 부리와 눈 사이에 귀가 있다. 지렁이를 먹기 위해 땅속의 작은 움직임까지 포착하려는 노력이 만든 결과다.

이끌려 가는 아이는 도도새의 운명을 맞이할 수 있다. 자기력을 상실하여 세상에서 도태될 가능성이 크다. 이끌어 가는 아이는 도요새처럼 세상보다 한 발 앞서 변화를 추구한다. 그에게는 어떤 시련이 와도 이겨 낼 수 있는 힘이 있다. 독서를 통해 세상의 변화에 빠르게 대응할 수 있고 자신만의 예지력을 기를 수 있는 도요새가 되어 보자. 세상은 그런 도요새 같은 인재들을 원한다. 여러분은 어떤 새가 되고 싶은가? 결정했다면 지금 당장 실천해 보자. 그러면 자신의 인생을 이끌어 가는 첫 단추를 잘 끼울 수 있을 것이다.

06.

인문독서의 전략, 'ONLY ONE 프로젝트'가 핵심이다

방학이 되면 학년 자체적으로 방학계획서를 작성하는데 이것을 작성하라고 할 때마다 아이들의 가치 있고 소중한 시간을 빼앗는 기분이 든다. 계획이 너무 많다. 그래서 나는 방학계획서를 나눠 주면서 딱 두 가지만 강조한다. 잘 놀고 책 잘 읽기. 과제는 스스로 하고 싶은 아이의 자율성에 맡긴다. 물론 하면 좋다는 말을 반드시 덧붙인다. 혹자는 아이들에게 과제를 주지 않으면 방학 내내 방에 틀어박혀서 게임을 한다며 부정적으로 생각하지만, 내 생각은 다르다. 아이들의 타고난 능력 중 하나는 놀면서 공부할 수 있다는 것이다. 놀면서 다양한 체험을 통해 많은 것을 배운다. '노는 것도 공부다'는 생각으로 접근하면 아이들은 늘 공부를 하고 있는 셈이다. 처음에는 '내 교육관이 좀 이상한가?' 하는 생각이 들었지만, 독서를 한 뒤로 더욱 확신을 갖게 되었다. 이지성의 『당신의 아이는 원래 천재다』와 『빨간약』, 송재환의 『초등 1학년 공부, 책읽기가 전부다』와 『초등 고전 읽기 혁명』, 리카 파카라의 『핀란드 교육 현장보고서』 등 여러 책을 읽으면서 노는 것과 독서의 조화를 이루는 것이 중요함을 깨닫게 되었다.

인문독서의 전략은 거창하지 않다. 가장 좋은 것은 단순함에서 온다. 크게 두 가지만 생각하면 된다. 유형과 무형이다. 유형은 눈에 보이는 것을 의미한다. 우리가 주로 생활하는 집에서 눈에 보이는 것을 자주 노출시키는 방법은 무엇일까? 바로 거실을 활용하는 것이다.

거실을 서재로 만들자. 많은 책에서 거실을 서재로 만들 때의 가치를 설명한다. 콘돌리자 라이스의 어머니는 그녀가 고등학교에 입학하자 회사를 그만두고 거실을 서재로 만들었다고 한다. 당시 읽은 책들 때문에 그녀는 훗날 미국 국무장관이 되는 등 멋진 미래를 펼칠 수 있었다고 여러 채널에서 고백했다.

『세계 명문가의 독서교육』에서는 집안을 서재로 꾸며 위인으로 만든 사례를 접할 수 있다. 윈스턴 처칠은 고등학교를 졸업할 때까지는 늘 꼴지였지만, 서재에서 아버지가 즐겨 읽던 책을 통해 열등생에서 사관생도로, 군인에서 정치가로 변화했다. 「해리포터」 시리즈를 쓴 조앤 롤링의 어머니 앤 롤링도 독서광으로 유명하다. 그런 어머니 덕분에 조앤 롤링은 어린 시절부터 책 읽기를 즐겼고, 시간이 날 때마다 방에 틀어박혀 글을 썼다고 한다.

원래 우리 집 거실에는 TV, 책장 등 다양한 것이 놓여 있었다. 이도 저도 아니다 보니 때로는 TV를 보는 데, 때로는 책을 읽는 데 쓰였다. 그래서 어느 날 아이들을 위해 과감히 TV를 거실에서 치워 버렸다.

이제 '거실을 서재화'한 다음에 할 일은 당연히 독서하는 모습을 보여 주는 것이다. 이것이 무형이다. "아이들은 세 가지를 통해 배운다. 본보기를 통해, 본보기를 통해, 본보기를 통해"라며 슈바이처는 교육에서 가장 중요한 것은 본보기라고 강조했다. 본보기는 그 어떤 것보다 중요한 교육의 핵심적 가치다. 내 자녀가 독서를 잘 하기 원한다면 부모부터가 독서를 즐겨해야 아이들도 자연스럽게 따라 한다. 내가 가르치는 아이들을 분석한 결과도 이와 다르지 않았다. 독서를 좋아하는 아이를 따라가 보면 그곳에는 반드시 독서를 즐겨하는 부모가 있었다. 아이는 부모가 하는 대로 따라 하는 경향이 강하다. 내가 육아와 교육을 따로 보지 않고 동일시하는 이유가 바로 여기에 있다. 육아하듯이 교육해야 한다. 아이를 억지로 끌고 가기보다는 부모의 모습을 보고 마음을 이끌어 내면 아이는 반드시 독서를 하게 된다. 이제 내 아이를 위한 ONLY ONE 인문독서 프로젝트를 소개한다.

- O(One) : 나라는 사람은 전 세계에서 '70억 분의 1'로서 존재 가치가 있다. 나는 정말 소중하다. 내 스토리는 그 어느 누구도 똑같이 복사할 수 없다. 그렇기 때문에 내가 세상에 태어난 이유가 반드시 존재한다. 수많은 사람의 이야기를 듣기 위해 일일이 만날 수 없기 때문에 그들의 존재 산물인 책으로 앎을 나눈다.
- N(Nadaum) : 아름다움의 원래 의미를 담고 있는 '나다움'을 추구하자. 나다움은 진정한 교육의 목표가 될 수 있다. 수많은 저자의 삶

에서 나다움을 빠르게 구축할 수 있다. 나의 가치를 찾고 나만의 길을 가는 삶을 통해 장자가 말하는 "길은 걸어가야 만들어진다."라는 진정한 도행지이성(道行之而成)을 이룰 수 있다.

- L(Love) : 인문독서는 사랑이다. 사랑은 모든 것을 아우르는 힘이 있다. 노자의 『도덕경』에 보면 '상선약수'가 나온다. "물은 만물을 키우는 일을 한다. 물은 모두가 싫어하는 낮은 곳으로 흘러간다. 물은 어떤 그릇에 담겨도 그 그릇에 순응한다. 물은 더러움을 씻어 준다." 바다는 모든 물을 포섭한다. 사랑 또한 바다와 같다. 바다 같은 마음으로 책을 읽으면 모든 만물과 사랑을 나눌 수 있다.
- Y(Yield) : 부모의 욕심을 '아이의 의미'에 양보하자. 아이에게는 저마다 꿈이 있고, 하고 싶은 바가 있다. 즉, 의미 있는 삶을 살고 있는 것이다. 아이의 의미에 더욱 집중하자. 그와 관련된 책으로 아이의 의미에 한층 더 몰입하면 된다.
- O(Observe) : 행동의 의미를 관찰하자. 그것에 의미를 부여하려면 그와 관련된 책을 아이와 연계시키는 것이 중요하다. 아이의 행동과 연계가 된 책은 더욱 살아 움직여서 아이의 변화에 크게 작용할 것이다.
- N(Nature) : 자연과 하나가 되자. 자연이 주는 영감은 이루 말할 수가 없다. 핀란드 교육에서도 자연과 하나 되는 활동을 많이 한다. 책을 들고 자연으로 나가자. 자연이 주는 향기가 책의 향기가 되어 더욱 긍정의 마인드를 형성할 것이다. 자연에서 책과 하나가 된 수많은 위인의 삶을 그대로 답습하자.

- E(Enthusiasm) : 열정을 가지자. 열정은 절대 꺾이지 않는다. 동기부여가 되는 책을 많이 접하다 보면 내면이 더욱 강해짐을 느낄 수 있다. 위인전, 성공서나 자기계발서 등으로 내 아이뿐만 아니라 나에게도 열정을 선물해 주자. 그러면 인생을 바라보는 관점이 예전과 달라짐을 느낄 수 있을 것이다. 존 고든이 『에너지 버스』에서 이야기한 것처럼 지루함에서 흥미를, 반복되는 일상에서 열정을, 평범함에서 비범함을 발견할 것이다.

전략은 정확히 떨어지는 것이 아니다. 계획 중 하나일 뿐이다. 수시로 변하는 것이 전략이지만, 그것을 가능하게 하는 것은 한 걸음 전진하는 실천이다. 아이를 위해서 부단히 전략을 짜고 그것을 실행하다 보면 나부터 바뀌게 되어 있다. 우리 집 주변 사람들, 각종 매체, 온라인에서 추천하는 지식과 방법도 좋기는 하지만, 수많은 책에서 소개하는 방법으로 전략을 모색해 보자. 그리고 이것 한 가지만 명심하자. 절대 포기하지 말 것.

"부모의 바람은 자식이 스스로 글을 읽는 것이다. 어린아이가 글 읽으라는 말을 듣지 않고도 글을 읽으면, 부모치고 기뻐하고 즐거워하지 않는 자 없다. 아아! 그런데 나는 어찌 그리 읽기를 싫어했던고." 조선 최고의 문장가인 연암 박지원도 15살이 넘어서야 본격적으로 독서를 시작했다고 한다. 아직 늦지 않았다. 포기하지 않는다면 언제든지 인생의 전환점을 맞이할 수 있다.

07.

독서가 아이를 행복하게 한다

중학생 현우는 하루 종일 바쁘다. 오후 4시에 학교가 끝나면, 수학 학원에 가거나 역사토론 학원에 간다. 일요일에도 영어 과외 2시간, 악기 레슨 2시간이 이어진다. 독서, 운동까지 여러 활동을 하며 시간을 보내지만, 현우는 벌써부터 미래의 삶이 불안하다. 그는 한 신문사와 한 인터뷰에서 "미래를 생각하면 막연한 걱정이 몰려온다. 방송이나 인터넷을 보면 미래에는 일자리가 준다고 하는데 나는 어떤 직업을 갖고 어떻게 살게 될까 불안하다."라고 말했다.

국제구호개발단체 세이브더칠드런과 서울대학교 사회복지연구소가 지난해 '아동의 행복감 국제 비교연구'를 실시한 결과를 보면, 우리나라 아이들의 '주관적 행복감'은 유럽, 남미, 아프리카 등 12개국 4만 2,567명 중 최하위에 머문다. 특히 중학생의 행복감은 급격히 감소하는 것으로 나타났다. '최근 2주간 얼마나 행복하다고 느꼈습니까?' 라는 질문에 초등학생 때는 8.2점(초3, 초5) 수준을 유지하다 중학생이 되면서 7.4점으로 급감한다(10점 만점 기준). 이는 12개국 평균치인 8.9점(초3) → 8.7점(초5) → 8.2점(중1)과 비교했을 때 최저 수준이며 초등학생과 중학생 사이의 격차(8.2 → 7.4)도 가장 높았다. 연구를 주도한 가천대학교 안재진 교수(사회복지학)는 "아동의 연령이 증가하면서 행복감이 감소하는 현상은 세계적인 추세이나, 한국은 유독 중학교에 진학하면서 행복도가 급격히 떨어진다."라고 지적했다(한겨레신문, 2016.08.07.)

배움의 목적은 자신이 하고 싶은 일을 즐기면서 사회에 그 에너지를 환원하고 인생을 아름답게 사는 데 있다. 아이의 행복을 바라며 부모는 교육을 하는데, 왜 아이들은 점점 행복과는 멀어질까?

"요즘 행복하세요?"

나는 주변 사람들에게 이 질문을 자주 던진다. 모든 사람은 행복을 원하지만, 행복한 삶을 사는 사람은 흔치 않다. 행복하기를 바라며 부단히 노력하고, 꿈을 꾸고, 열심히 사는데도 왜 우리는 행복하지 않은 것인가? 이런 고민을 하던 중 호아킴 데 포사다의 『난쟁이 피터』에서 실마리를 찾았다.

"행복한 사람은 스스로 세운 구체적인 목적을 이루기 위해 열심히 살고, 그렇지 못한 사람은 아무런 목적 없이 그저 하루하루를 보내기 때문이다. 보다 가치 있고 의미 있는, 흔히 말하는 성공한 삶을 살아가려면 높은 차원의 구체적인 목적을 추구해야만 한다. 행복은 그 구체적인 목적을 실천하는 데서 온다. 그 실천이란 다른 사람의 삶을 사랑하고, 그들이 행복해지도록 적극적으로 돕는 행위를 뜻한다. 성공할 만한 사람이 성공하게 되고, 행복할 만한 사람이 행복하게 되는 것. 이것이 인생의 법칙이다."

그렇다. 바로 구체적인 목적을 실천하는 데서 행복을 얻는 것이다. 여기서 말하는 '구체적인 목적'이란 인생을 살아가는 목적이라고 할 수 있다. 그것은 바로 본질이다. 목적이 분명하지 않다는 것은 뿌리가 견고하지 못하다는 것이기에 환경에 따라 쉽게 마음이 흔들린다. 그렇다면 뿌리를 견고하게 하는 방법은 무엇일까? 당연히 독서에서 해답을 얻을 수 있다.

존 밀러는 "사람이 얼마나 행복한가는 그의 감사의 깊이에 달려 있다."라고 이야기한다. 감사 커뮤니케이터의 애나 김은 『쓰면 이루어지는 감사일기의 힘』에서 '행복해지는 단순한 방법'을 소개한다. 그녀는 인생의 전환점이 되어 준 여러 사건과 마주할 때마다 '감사'라는 감정을 의식적으로 습관화했더니 삶이 행복으로 충만해졌다고 고백한다. 그만큼 감사와 행복은 서로 밀접한 관련이 있는 감정이다. 행복한 사람은 감사가 충만하고, 감사한 사람은 행복이 충만하다.

나는 이 글을 읽고 있는 독자에게 다음 세 가지를 주문하고 싶다.

첫 번째, 행복과 관련있는 글귀를 매일 아침, 점심, 저녁 세 번 3회씩 읽고, 그와 관련된 행복한 상상을 하자. 긍정적인 자기 암시를 활용하여 세로토닌 호르몬을 마음껏 분비시키는 것이다. 이때 감사일기와 병행하면 그 효과는 극대화된다.

두 번째, 언제든지 꺼내 볼 수 있도록 나에게 행복을 준 책들을 준비하는 것이다. 나는 『지금부터 행복해지는 일』, 『놓치고 싶지 않은 나의 꿈 나의 인생』, 『내 인생 5년 후』, 『10대에 알았더라면 좋았을 것들』, 『여덟 단어』, 『성공하는 한국인의 7가지 습관』, 『생각대로 살지 않으면 사는 대로 생각하게 된다』 등 불안, 초조, 불행이 엄습할 때 이 책들을 꺼내 10분만 읽어도 다시 행복한 마음으로 가득해진다. 이처럼 자신과 맞는 책들이 반드시 있다. 그런 책은 자주 보는 것이 좋다.

세 번째, 독서를 통해 성공한 사람의 마인드를 CVA 법칙(Ctrl+C '복사' → Ctrl+V '붙이기'→ Action '실천')으로 승화시키자. 성공한 사람은 모두 감사가 풍부한 사람들이다. 그렇다 보니 행복지수도 높았다. 그들의 마인드와 삶의 방식 중 내 것으로 받아들일 수 있는 부분은 적극적으로 받아들이는 것이 좋다. 모두 내 것으로 할 수는 없겠지만, 그중 일부만 체득화 · 내면화해도 점점 성공한 사람의 모습으로 변화될 것이다. 인문독서로 내 아이, 내 자신의 입에서 이런 고백이 흘러나오기를 소망한다. 이것이 바로 행복의 고백이고, 삶을 살아가는 지혜의 속삭임이다.

"나는 시간이 갈수록 기대되는 사람이 되고 싶다."

"나는 매일 모든 면에서 점점 나아지고 있다."

08.
독서는 아이를 성장하게 한다

2007년 아카데미 최우수 조연상을 받은 배우이자 음악가 앨런 아킨은 이렇게 말했다. "사람은 성장하고 있거나 썩어가고 있거나, 둘 중 하나다. 중간은 없다. 가만히 서 있다면 썩어 가고 있는 것이다."

앨런 아킨의 이 말을 듣고 한동안 생각에 잠겼다. 그동안 삶 속에서 나름대로 성장을 추구했지만, 온전히 나를 바칠 수 있을 정도로 열정을 갖고 산 적이 있는가? 예전의 나라면 아니라고 말했겠지만, 지금의 나는 그렇다고 자신 있게 대답할 수 있다. 바로 독서 때문이다. 독서를 하면서 매일 가슴 뛰는 삶을 살아가게 된 것이다.

학부모와 상담을 하다 보면 안타까울 때가 많다. 자녀가 어떤 인물이 되기를 원하느냐고 물으면 "남들처럼 평범하게 컸으면 좋겠어요." 라고 대답한다. 다시 평범의 기준이 무엇이냐고 물으면 "뭐 다른 거 있나요? 다른 아이들처럼 공부 잘하고, 학교에서 말썽 피우지 않고, 부모 말 잘 듣는 거죠."라고 대답한다.

앨런의 말을 빌리면 평범하게 키운다는 것은 아이를 썩게 만드는 것과 같다. 평범하게 키우겠다고 이야기하지 말자. 말이 씨가 된다고 특별하게 키우겠다고 이야기하는 것이 더 좋지 않을까! 그렇다면 특별하게 키운다는 것은 무엇일까? 그것을 가능하게 하는 것이 바로 독서다. 김중근의 『궁하면 변하고 변하면 통한다』에서는 다음과 같이 이야기한다.

"사람의 죽음을 재촉하는 심리적인 요인에는 두 가지가 있다고 한다. 첫째는 독서를 중단하는 것이다. 독서의 중단이란 곧 배움과 성장을 멈춘다는 것을 의미한다. 둘째는 무엇인가에 대한 가능성을 믿지 않는 태도다. 이것은 꿈꾸기를 중단하는 것을 의미한다. 독서와 꿈꾸기가 중단되었을 때, 다시 말하면 심성이 냉소적으로 변해 더는 새로운 가능성을 믿지 않을 때 죽기 시작한다는 것이다."

나를 비롯해 함께하는 아이들이 매일 새로운 삶을 살게 하려면 반드시 독서와 꿈이 있어야 한다. 이 두 가지는 서로 다르게 움직이지 않는다. 그 둘은 서로 하나로 엮여 있다. 꿈꾸는 자는 책을 읽으면서 더욱 큰 꿈을 꾸며, 책을 읽는 사람은 그동안 발견하지 못한 꿈을 찾으면서 서로를 보완한다.

나는 32년간 꿈이 없었다. 그러다 책을 읽으면서 꿈을 꾸는 방법을 알게 되었고, 삶도 변화되었다. 몇 년 만에 만나는 지인들은 하나같이 내가 많이 변했다고 말한다. 그렇다! 나는 예전과는 전혀 다른 사람이 된 것이다. 인문독서가 나를 이렇게 만든 것이다.

나는 매일 새벽에 일어나 『논어』와 「잠언」을 한 장씩 읽는데, 읽다 보면 마음이 평온해진다. 『논어』는 총 20장, 「잠언」은 총 31장으로 구성되어 있다. 나는 이것을 한 달에 한 번 정독하기로 마음먹었다. 『논어』는 평일 20일간 읽고, 「잠언」은 매일 한 장씩 읽으면 한 달에 1독이 가능하다. 이 둘만 잘 읽고 실천해도 인성은 자연스럽게 싹을 틔운다.

초등학교 1학년부터 고등학교 3학년까지 『논어』와 「잠언」을 하루에 한 장씩 읽는 습관을 기를 수 있다면, 12년간 각각 144회 정독하게 된다. 이 아이가 어떤 영향력 있는 사람으로 자랄지는 예측할 수 없지만, 이것만은 분명하다. 지극히 평범하게 사는 것이 아닌 남과 다른 선한 영향력을 미치는 사람으로 자랄 것이다.

가스통 바슐라르는 "책은 꿈꾸는 것을 가르쳐 주는 진짜 선생이다."라고 이야기한다. 로버트 잉거솔은 더 강한 표현으로 "사랑을 배워라, 특히 좋은 책을 사랑하는 것을 배워라. 세상의 모든 돈을 주고도 살 수 없는 보물이 좋은 책 안에 들어 있다. 배우고 노력하고 애쓰지 않는다면 그 보물을 찾을 길은 없다."라고 이야기한다.

그렇다. 책 속에는 꿈, 사랑, 보물이 모두 들어 있다. 지금 이 순간 나를 더욱 나답게 만들어 주는 책을 펼쳐 보자. 그리고 그 안에 들어 있는 보물을 발견해서 내 삶에 적용하자. 그러면 조금씩 변하는 내 생각을 읽을 수 있고, 내 행동을 발견할 수 있을 것이다.

09.

독서의 즐거움은 '점을 찍고, 선을 긋고, 면을 완성'하게 한다

2015년 11월 평택교육지원청에서 '함께 웃고 떠들며 배우는 독서-토론-논술 수업'을 주제로 『초등 부모 학교』, 『독서토론논술 수업』의 저자인 김성현 선생님의 연수를 들었다. 이때는 무심코 신청한 연수 하나가 훗날 나를 변화시킬 줄은 전혀 몰랐다. 단순히 독서교육을 배우려고 참여한 연수였는데, 김성현 선생님의 다양한 이야기를 들으니 그가 더욱 궁금했다.

나는 당시에 여러 가지 순환반복학습을 하고 있었다. 독서, 영상 제작, 박코치 영어, 노래, 악기 연주 등 관심 있는 것들을 다양하게 배우고 있었다. 그런데 김성현 선생님의 연수를 듣고 나서는 한 분야에만 집중하고 싶었다. 바로 독서가 그것이다. 연수를 마치고 집에 돌아온 나는 아내에게 이렇게 고백했다. "여보! 나 이제 다른 것은 잠시 접어 두고 독서만 하고 싶어. 나도 독서교육전문가가 되고 싶어. 어쩌면 그 길이 내가 찾던 길일 수도 있지 않을까?"

그 뒤로 시간이 날 때마다 책과 씨름했다. 일주일에 1~2권 정도 읽다 독서에만 집중하니 속도가 제법 붙었다. 『꿈꾸는 다락방』을 시작으로 하우석의 『뜨거운 관심』, 『내 인생 5년 후』, 재혁아빠 이상화의 『하루 나이 독서』를 차례로 읽어 나갔다. 『하루 나이 독서』는 아이를 어떻게 하면 독서의 바다에 빠지게 할 수 있을까 고민하며 몇 번이나 읽은 책이다. 그날 따라 강하게 다가오는 책 속의 책이 보였다. 바로 김병완의 『나는 도서관에서 기적을 만났다』였다. 단숨에 책을 읽은 나는 다른 책도 읽고 싶어 학교 도서관에서 그의 책을 10권 정도 신청했다. 그러고는 겨울 방학이 되어 잊고 지내다 업무차 학교에 갔다 책이 도착했다는 이야기를 사서 선생님께 들었다.

『48분 기적의 독서법』을 빌려 집으로 돌아와 서문을 읽는데 심장이 쿵쾅거리기 시작했다. 그러면서 '나도 완전히 변화되고 싶다. 아주 간절하게'라는 생각이 들었다. 새벽녘까지 책을 읽다 손정의가 나온 부분에서 간직하고 싶은 글이 있어 잠시 멈췄다. 그러고는 블로그에 이렇게 적었다. "내가 가진 것이라고는 꿈과 그리고 아무 근거도 없는 자신감뿐이다. 그리고 거기서 모든 것이 시작되었다. – 손정의" 이렇게 블로그 기록은 시작되었다.

김성현 선생님에서 시작해 '독서 선택과 집중 → 『하루 나이 독서』 → 『48분 기적의 독서법』 → 블로그 기록 시작' 등으로 이어진 일련의 과정은 서로 별개인 듯 보이지만, 결국 하나의 선으로 만들어져 갔다.

그 뒤에 생긴 점, 선, 면 효과는 실로 어마어마했다.

『독서 천재가 된 홍대리』를 통해 이지성, 정회일 작가를 알게 되었고, 이지성의 『꿈꾸는 다락방』, 『18시간 몰입의 법칙』, 『지금부터 행복해지는 일』, 『스무 살, 절대 지지 않기를』, 『가장 낮은 데서 피는 꽃』 등 그가 쓴 책을 모두 읽으면서 꿈, 미래, 몰입, 봉사, 나눔 등 키워드를 채워 나갈 수 있었다. 그러다 『가장 낮은 데서 피는 꽃』의 공동 저자인 김종원 작가도 만나면서 『사색이 자본이다』, 『생각 공부의 힘』 등으로 확장되었고, 훗날 '밀알이야기들의 일상 프로젝트'가 탄생하는 영감을 얻기도 했다.

정회일의 『읽어야 산다』로 실천의 중요함을 뼈저리게 느꼈는데, 이때부터 책 속에서 받은 영감은 반드시 실천하기로 결심했다. 이 책에서 받은 메시지는 나에게 큰 울림을 주었다.

「홍대리」 시리즈를 즐겨 읽던 나에게 또 하나의 깨달음을 주는 점, 선, 면이 다가왔다. 『기획 천재가 된 홍대리』의 저자 하우석을 만나면서 『뜨거운 관심』으로 진정한 관심을 깨달았다. 『내 인생 5년 후』에서는 헬렌 켈러, 에리히 케스트너, 나폴레옹, 조앤 롤링, 마일즈 먼로, 레일 라운즈, 랄프 왈도 에머슨 등을 만날 수 있었다.

그리고 할 엘로드의 『미라클 모닝』에서는 그를 변화시킨 나폴레온 힐의 『놓치고 싶지 않은 나의 꿈 나의 인생』을 다시 만났는데, 다시 읽으니 엘로드와 비슷한 경험을 나 역시 맛보았다.

이외에 책으로 만나는 점, 선, 면을 이야기하자면 끝이 없다. 결국 나는 책으로 수많은 점을 찍었으며, 그것으로 선을 그어 면을 채웠다. 김병완은 『내 인생의 기적은 한 권의 책에서 시작되었다』에서 책을 제대로 많이 읽을 때 다음을 얻을 수 있다고 이야기한다.

- 책을 제대로 많이 읽을수록 더 지혜로워진다.
- 책을 제대로 많이 읽을수록 더 세상을 통찰할 수 있게 된다.
- 책을 제대로 많이 읽을수록 더 사고가 유연해진다.
- 책을 제대로 많이 읽을수록 더 창조적이 되고, 창의력이 향상된다.
- 책을 제대로 많이 읽을수록 더 큰 인생을 만들어 나갈 수 있게 된다.
- 책을 제대로 많이 읽을수록 우리의 인생에 기적을 더 많이 만들 수 있다.
- 책을 제대로 많이 읽을수록 점점 더 운이 좋은 사람이 될 수 있다.
- 책을 제대로 많이 읽을수록 점점 더 새로운 삶을 만들어 나갈 수 있게 된다.

그렇다. 책을 제대로 많이 읽는 것이 중요하다. 책 속의 책을 만나고 책 속의 인물을 만나면서 수많은 상호 작용을 할 수 있고, 결국 내 인생의 질그릇도 빚을 수 있을 테니 말이다. 나는 지금 이 순간에도 책 속의 누군가와 이야기를 나누고 있다. 그리고 나는 이 글을 읽는 당신과도 언제든지 이야기를 나눌 것이다. 나는 당신에게 하나의 점이 되고 싶다.

10.
독서는 나만의 콤플렉스를 기회로 만드는 마법이다

과거 정치적 탄압으로 옥살이를 한 김대중 대통령은 대통령 시절에도 읽고 싶은 책이 있으면 '아! 감옥에 있었으면 아주 빨리 읽었을 텐데…….'라며 그 시절을 그리워하고는 했다고 한다. 감옥 안에서 얻은 네 가지 즐거움 중 첫 번째를 독서하는 즐거움으로 꼽는 그의 모습에서 책을 얼마나 사랑하는지 알 수 있다. 차 안이든 이발소든 장소를 불문하고 책을 읽었다고 하니 '책벌레'라고 칭할 만하다.

김정진의 『독서불패』에서는 김대중 대통령의 일화를 소개하는데, 그는 '학력 콤플렉스' 때문에 열심히 책을 읽었다고 한다. 대학교를 정상적으로 마치지 못한 열등감, 즉 학력 콤플렉스를 '독서를 통한 실력 배양'의 기회로 만든 것이다. 그의 고백을 들어 보자.

"콤플렉스를 느끼지 않고 사는 것이 최선의 삶은 아니라고 생각합니다. 사회 활동을 하면서 콤플렉스를 전혀 느끼지 않는다는 것은 그만큼 향상하려는 의지가 없다고도 볼 수 있습니다. 자기의 부족한 현재 상황을 직시하고 거기서부터 탈출하려는 의욕으로 연결되는 그런 종류의 콤플렉스는 필요하다고 볼 수 있습니다. 삼상지학(三上之學)이라는 말이 있습니다. 삼상은 마상(馬上), 침상(枕上), 그리고 측상(厠上)입니다. 즉, 말 위와 베개 위와 화장실에서까지 공부해야 한다는 것입니다. 나는 젊었을 때부터 어느 곳을 가든지 책을 들고 다녔고, 어디서든 조금이라도 시간이 나면 책을 펴 들었습니다. 지금은 습관이 되어서 애쓰지 않아도 그렇게 됩니다. 배우는 데에는 여행길이나 잠자리나 화장실의 구별이 있을 수 없습니다. 대학을 못 갔더라도 열심히 공부하면 대학 졸업한 사람보다 실력을 더 갖출 수 있다는 생각이 채찍이 되어 나를 앞으로 내몰았습니다. 그렇게 해서 나는 얼마큼 실력도 갖추게 되었습니다."

이제 이웃 나라인 일본으로 가 보자. 삼성 이건희 회장이 가장 존경하는 인물로 꼽은 사람이자 경영의 신으로 불리는 인물이 있다. 24살에 창업한 회사를 94살에 별세할 때까지 70여 년간 운영한 그는 바로 일본의 전설적인 기업인 마쓰시타 고노스케다. 은지성의 『생각대로 살지 않으면 사는 대로 생각하게 된다 2』에서 만난 그는 이렇게 이야기한다.

"늘 젊게 살고 싶어도 나이 먹는 것은 피할 수 없습니다. 그러나 몇 살이 되던 정신적으로는 청춘 시절과 마찬가지로 매일 새로운 희망에 부풀며 용기를 잃지 않고 자신의 사명을 이루기 위해 몰두하는 마음으로 살아갈 수 있습니다." 아흔이 넘은 나이에도 여전히 현역처럼 살았던 그다운 말이다. 한 사원이 이렇게 질문했다. "회장님은 어떻게 지금

처럼 큰 성공을 하셨습니까?" 그의 말에 집중할 시간이다. 아니 그는 자신의 성공 비결로 무엇을 꼽았을지 상상해 보라. 꿈? 열정? 용기? 그는 웃으면서 이렇게 대답했다.

"저는 세 가지 하늘의 큰 은혜를 입었습니다. 가난한 것, 허약한 것, 못 배운 것이 그것이지요. 저는 가난 속에서 태어났기 때문에 부지런히 일하지 않고서는 잘 살 수 없다는 진리를 일찍 깨달았습니다. 또 어릴 적부터 몸이 허약했기 때문에 건강의 소중함도 일찍이 깨달아 몸을 아끼고 건강 관리에 힘썼습니다. 지금 제 나이가 아흔인데도 제 신체나이는 30~40대 같습니다. 겨울철에도 매일 아침 냉수마찰을 하고 있습니다. 또 초등학교 4학년에 중퇴했기 때문에 항상 이 세상 모든 사람을 나의 스승으로 받아들였습니다. 그들에게 많은 지식과 배움을 얻었고 최선을 다해 노력할 수 있었습니다. 이런 세 가지가 저를 강하게 만들었고 이만큼 저를 성장시켜 주었습니다."

김대중 대통령, 마쓰시타 고노스케 모두 콤플렉스를 기회로 만든 장본인이다. 어디 이뿐이랴! 정규 교육은 아홉 달밖에 배우지 못한 링컨 대통령도 있고, 정규 교육을 2년만 배우고도 미국 정치의 틀을 세운 벤자민 프랭클린, 구두닦이였으나 인간관계의 대가가 된 데일 카네기, 빌딩 청소부였으나 최고의 동기부여가가 된 앤서니 라빈스 등 콤플렉스를 기회로 승화시킨 위인은 이루 헤아릴 수 없이 많다.

당신의 콤플렉스는 무엇인가? 이들보다 더 힘들고 극복하기 어려운 것인가? 그것이 아니라면 당신은 축복받은 존재다. 그들도 해내지 않았는가? 이제 당신이 콤플렉스를 기회로 만들 차례다. 이렇게 외쳐 보자.

"콤플렉스는 극복하라고 있는 것이다. 너를 이김으로써 더 나은 나를 만날 것이다. 장애물은 뛰어넘으라고 있는 것이지 걸려서 엎어지라고 있는 것이 아니다. 어떤 장애물이든 고된 노력으로 극복할 수 있다."

진정한 독서는 그것을 가능하게 한다.

인문독서
톡! Talk?

거절의 미학, '어승어거 그어누기'를 기억하라

'미라클 모닝 필사'를 45일째 하던 날이었다. 새벽 4시에 기상하여 조성희의 『뜨겁게 나를 응원한다』를 필사했다. 중간에 나오는 단어들이 흥미로웠다. 어승어거 그어누기?

걱정 말고 부탁하라. 당신이 누군가에게 뭔가를 구할 때는 '어승어거 그어누기'를 기억하라. '**어**떤 사람은 **승**낙할 것이고, **어**떤 사람은 **거**절할 것이다. **그**래서 **어**쨓다는 거냐. **누**군가가 **기**다리고 있다.'라는 의미다. 목표를 향해 가는 여정 내내 수많은 거절이 있으리란 생각에 익숙해져라. 한번에 OK는 사실상 그리 재미없다. 성공의 비결은 포기하지 않는 것이다. 누군가가 거절하면 "다음"을 외쳐라. 그런 다음 계속해서 구하라!

'어승어거 그어누기'는 문장에서 첫 글자만 딴 것이다. 나는 그 단어가 매우 좋았다. 그래서 그것을 계속 되새겼다. 나 역시 학창 시절에 거절에 대한 좋지 않은 기억이 있어서 부탁하는 것을 매우 꺼렸다. 그래서 주로 혼자서 낑낑대며 맡은 일을 처리했기에 스트레스를 자처하는 성향이 있었던 것이다.

대학 시절 그 성향은 나에게 CCC(한국대학생선교회) 동아리 활동을 하는 데 제약을 주었다. '괜히 말했다가 거절당하면 어떡하지?' 하면서 말이다. 그러던 중 청주에서 CCC센터를 운영하는 주서택 목사님의 설교를 들었는데, 그때 목사님은 부드러운 목소리로 이렇게 말씀하셨다. "하나님의 복음을 전하세요. 일단 전하세요. 그리고 결과는 하나님께 맡기는 것입니다. 거절에 대한 걱정은 하지 말고 일단 전하세요."

나는 그 말에 큰 감동을 받았다. 아직까지도 그때의 음성이 들리는 듯하다. 그 말에 힘입어 그 뒤로는 예전보다 편한 마음으로 거절을 두려워하지 않고 복음을 전했던 기억이 있다.

'거절'. 사회생활을 하면서 그 거절이란 것이 의외로 많은 사람의 발목을 잡고 있음을 알게 되었다.

"아! 업무를 처리해야 하는데 누구에게 여쭤봐야 할지 모르겠어."

"교장 선생님이나 교감 선생님, 부장님께 여쭤봐!"

"바쁘신데 괜히 여쭤봤다가 거절당하면 어떡해?"

"그럼 다른 분께 여쭤보면 되지?"

"또 거절당하면?"

"……."

여기 거절의 대가들이 있다. 그들은 한 번이 아니라 수많은 거절을 당하며 성공이란 친구를 얻은 사람들이기에 본받을 점이 많을 것이다. 이지성의 『지금부터 행복해지는 일』에는 커넬 샌더스가 나오는데, 그는 이렇게 이야기한다.

"사람들은 보통 밑바닥으로 추락하면 인생이 끝장났다고 생각하지. 허나 실제로는 아닐세. 그때 비로소 진정한 인생이 시작되는 거야. 두 손 가득 돌멩이를 쥐고서 놓을 줄 모르는 사람에게 금을 쥐어 주려면 먼저 돌멩이를 빼앗아 버려야 하지 않겠나? 나는 1,101번의 투자 거절을 받고, 1,102번째에 비로소 투자자를 만나서 성공의 길로 접어들었지."

강현식과 박지영의 『아이를 잘 키우는 16가지 심리법칙』에는 「해리포터」 시리즈의 저자 조앤 롤링의 이야기가 나온다. 그녀의 거절당한 삶도 한번 들여다보자.

"조앤 롤링은 런던 근교 시골의 화목한 가정에서 자랐지만, 어느 날 사랑하는 어머니가 다발성경화증이라는 병을 앓다가 세상을 떠나고, 다니던 직장에서도 해고를 당하자 포르투갈로 건너가 새로운 인생을 시작했다. 그곳에서 학생들을 가르치며 지내는 동안 결혼과 출산을 했으나, 3년 후 이혼을 하고 한 살배기 딸과 함께 동생이 살고 있는 영국의 에든버러로 돌아왔다. 가난한 이혼녀인 조앤 롤링은 정부 보조금을 받아 하루하루 근근이 생활했다. 어린 딸과 함께 먹고 살기 위해 일을 해야 했던 그녀는 일을 하면서도 틈틈이 시간이 날 때마다 글을 썼고, 마침내 『해리포터와 마법사의 돌』을 완성했다. 그렇지만 열두 곳의 출판사에서 그녀의 원고를 거절했다. 마침내 열세 번째로 문을 두드린 블룸

스베리 출판사에서 책을 출간하겠다고 하여 1996년에 『해리포터와 마법사의 돌』이 세상에 모습을 드러낼 수 있었다. 이후 '해리포터' 시리즈는 날개 돋친 듯 판매되어 전 세계 어린이들의 사랑을 받았다."

커넬 샌더스가 1,101번의 거절, 조앤 롤링이 열두 번째의 거절로 자신이 원하는 바를 포기했다면 지금의 KFC와 해리포터가 있었을까? 세계적인 베스트셀러 작가인 잭 캔필드와 마크 빅터 한센의 『영혼을 위한 닭고기 수프』는 출판사에서 350번이나 거절당했고, 200권이 넘는 책을 쓴 『10대에 알았더라면 좋았을 것들』의 저자 김태광도 첫 책인 『마음이 담긴 몽당연필』이 나오기까지 400회가 넘는 거절을 당했다.

이 글을 읽는 당신은 얼마나 많은 거절과 친분을 쌓았는가? 성공한 사람으로 칭송받는 모든 사람도 처음부터 잘 풀렸던 것은 아니다. 모두 거절과 그 누구보다 친했던 사람이다. 칠전팔기의 아이콘 링컨을 떠올려 보자! 링컨을 연구하는 사람들은 그가 총 27번의 공식적인 거절(실패)을 맛보았다고 말한다. 전광 목사의 『백악관을 기도실로 만든 대통령 링컨』에 나온 그의 거절력(실패력)을 살펴보자. 이것을 보면 나는 아직도 그를 따라가려면 한참 멀었다.

1816년 가족이 집을 잃고 길거리로 쫓겨남. 혼자 힘으로 가족을 먹여 살림

1818년 그의 어머니 사망

1831년 사업 실패

1832년 주 의회에 진출하려 했으나 낙선

직장을 잃고 법률 학교에 입학하고자 했으나 실패

1833년 친구에게 빌린 돈으로 사업 시작. 연말에 완전히 파산. 이때 진 빚을 갚기 위해 17년간이나 일을 해야 했음

1834년 결혼을 하기로 했으나 약혼자가 갑자기 사망. 마음에 큰 상처를 받음

1836년 극도의 신경쇠약증에 걸려 병원에 여섯 달 동안 입원

1838년 주 의회 대변인 선거에 출마했으나 낙선

1840년 정부통령 선거위원에 출마했으나 낙선

1843년 미국 하원의원 선거에 출마했으나 낙선

1848년 하원의원 재선거에 출마했으나 낙선

1849년 고향으로 돌아가 국유지 관리인이 되고자 했으나 받아들여지지 않음

1854년 미국 상원의원 선거에 출마했으나 낙선

1856년 소속 정당의 대의원 총회에서 부통령 후보 지명전에 출마했으나 100표 차로 패배

1858년 다시 상원의원에 출마했으나 또 낙선

우리는 수많은 거절을 경험하고 이야기한 링컨의 말을 가슴 깊이 새길 필요가 있다. "길이 약간 미끄럽긴 해도 낭떠러지는 아니야." 그리고 드디어 1860년 미국 대통령이 되었다.

당당하게 거절당하자. 그리고 이렇게 이야기하자. "'어승어거 그어누기'를 기억하라!"

| 4부 |

역사 속 인물의 아홉 가지 독서법에서 아이의 독서법을 발견하다

01.

아이에게는 아이만의 독서법이 따로 있다

"선생님 작년에는 학교에 오기 싫었는데 올해는 아니에요. 행복해요."

나는 이렇게 말하는 아이들을 볼 때마다 교육에 참맛을 느끼고는 한다. 물론 정반대로 말하는 아이들도 있다. 혹시 나 때문에 학교에 오기 싫다고 말하는 아이들이 있다면 얼마나 힘이 들겠는가. 지난 12년간 혹시 그런 아이들이 있었다고 한다면 이 자리를 빌려 조금이나마 미안함을 전하고 싶다. 전 세계 모든 선생님도 같은 마음이 아닐까.

육아를 하면서 알게 된 사실이 하나 있다. 육아법은 아이의 성격 · 성향 · 기질(여기서는 비슷한 의미로 함께 사용) 등에 따라서 달라야 한다는 것을 말이다. 아이와 함께 즐거운 놀이를 하려고 '아이 챌린지' 교구를 신청한 적이 있다. 교구와 함께 부모를 위한 육아잡지인 『The Zall』을 주는데, 표지에 이런 글이 있다. "기질을 파악하면 내 아이에게 맞는 육아법이 보인다."

내가 생각한 것을 EBS 〈60분 부모〉에 출연한 서울아동청소년상담센터 이영민 소장이 '기질'이란 단어로 잘 설명해 주었다. "아이의 기질을 알면 부모와 자녀의 관계를 바르게 형성하는 데 도움이 되기 때문에 결과적으로 아이의 성장에도 좋은 영향을 줄 수 있다. 부모가 아이의 기질을 잘 파악하지 못한 채 자신의 기질대로 아이를 이끌어 가면 아이는 자기의 고유한 기질을 이해받지 못해 인생을 다른 사람의 옷을 입은 것처럼 살게 된다."

많은 부모가 아이의 기질을 모른 채, 아니 어찌 보면 아이 본연의 기질을 무시한 채 부모의 기질대로 이끈다. 나는 그들에게 아이의 기질을 먼저 파악하라고 권하고 싶다. 그러다 보면 복잡하게 얽혀 있는 관계의 실타래가 조금씩 풀어지는 것을 경험하게 된다. 이때는 육아의 관점으로 '기질'을 바라봤는데, 시간이 지나고 보니 교육도, 독서도 마찬가지였음을 알게 되었다.

학교에 오는 것이 행복하다고 말하는 아이는 교사인 내 성향과 잘 맞았던 것이고, 그렇지 못한 아이는 내 성향과 잘 맞지 않았던 것이다. 어느 것이 맞고, 어느 것이 틀리다고 할 수 없다. 그것은 교사와 학생 간의 성향에 따른 차이일 뿐이다.

이것은 독서에도 연계된다. 저자의 성향과 독자의 성향이 비슷하다면 그 책은 독자에게는 정말 좋은 책이다. 그러나 성향이 전혀 다르다면 그 책은 독자에게는 별 의미가 없는 책으로 남을 것이다. 그래서 파브르는 "누구에게나 정신에 하나의 큰 획을 그어 주는 책이 있다."라고 이야기한다.

2011년 이지성의 『꿈꾸는 다락방』을 읽고 우리 부부는 꿈 이야기로 하루를 보낸 적이 있다. 우리의 밝은 표정을 보고 한 지인은 '요즘 좋은 일 있느냐'며 물었는데, 그에게 이 책을 소개했다. 일주일이 지나고 지인은 너무 감동을 받았다면 자신도 더 생생한 꿈을 꾸는 삶을 살고 싶다고 말했다. 돌이켜 보면 지인은 우리 부부와 성향이 비슷해서 추천하는 책마다 큰 감동을 받았었다. 하지만 또 다른 지인은 별다른 감동을 받지 않았다. 나는 이것을 저자와 독자의 성향에 대한 차이라고 생각한다. 볼테르의 말을 주목할 필요가 있다. "아무리 유익한 책이라도 그 반은 독자가 만든다."

줄탁동시(啐啄同時)라는 말이 있다. 알 속에 있는 병아리가 껍질을 깨뜨리고 나오기 위해 안에서 쪼는 것을 줄(啐), 어미가 밖에서 쪼는 것을 탁(啄)이라고 하는데, 이 둘이 동시에 일어나야 병아리는 껍질을 깨고 나올 수가 있다. 여기에는 병아리의 수고와 어미닭의 수고가 필요하다. 어느 것 하나 등한시한다면 병아리는 껍질을 깨고 세상 밖으로 나오지 못할 것이다.

병아리는 변하고자 노력하는 수많은 사람과 같다. 우리는 알이라는 세상의 틀 속에서 열심히 노력한다. 알 밖에 있는 어미닭은 책이다. 저자의 성향과 일치할 때 쉽게 병아리는 껍질을 깨고 나올 수 있지만, 그렇지 않을 때는 껍질을 깨려고 부단히 노력해야 한다. 그래서 한 권의 책을 읽고도 깨달은 바가 큰 사람이 있는 반면에 수백 권, 수천 권을 읽고도 아직도 세상의 틀, 생각의 틀을 벗어나지 못하는 사람이 있는 것이다.

나는 책을 읽을 때마다 '저자는 책에서 무엇을 말하려고 하는 것일까?' 하고 내 자신에게 계속 되묻는다. 저자의 생각이 고스란히 나에게 다가오는 것을 느낄 수 있다. 그리고 그 느낌을 블로그와 독서노트에 정리해서 내 삶에도 적용하려고 노력한다.

『데미안』에서는 "새는 힘겹게 투쟁하여 알에서 나온다. 알은 세계다. 태어나려는 자는 한 세계를 깨뜨려야 한다."라고 이야기한다. 반드시 알에서 나와야 또 다른 세상과 마주할 수 있다. 그렇지 않으면 우물 안 개구리처럼 협소한 공간에서 계속 발버둥치며 인생을 힘겹게 살게 된다. 독서로 당신의 생각을 더욱 확장시킬 수 있다. 책은 독자의 생각을 조금씩 확장시켜서 점차 다른 사람의 의견도 듣게 하는 것이다.

독서치료전문가 조지프 골드스타인은 책 읽기와 관련해서 다음과 같이 이야기한다. "놀라운 점은, 필요한 책을 찾아내는 방법을 잘 몰라도 사람들이 결국 그것을 찾아낸다는 것이다. 그리고 더 중요한 것은 사람들이 '자기가 읽은 것에서 자기가 필요로 하는 것을 발견한다'는 것이다. 특정한 소설에서 받은 감동적인 인상은 사람에 따라 다르다. 중요한 요소는 독서를 할 때의 심리 상태, 분위기, 필요이다."

사람들은 책 속에서 서로 다른 것을 발견하여 자신의 삶 속에 녹여낸다. 그 때문에 말과 생각, 행동, 습관, 인생의 변화를 더욱 잘 느낄 수 있는 것이다. 인문독서의 핵심은 책 속에, 저자의 생각 속에 내 삶에 반드시 적용할 수 있는 글귀가 있음을 확신하고, 그것을 내 삶에 맞게 재생산하는 것이 목적이다.

4부에서는 위인 9명의 독서법을 살펴본다. 그리고 그것을 아이의 성격, 성향, 기질에 따라 좀 더 중점적으로 다룰 것이다. 대부분 내 삶과 우리 반에 녹아낸 현실적인 이야기들이다. '우리 아이에게 맞는 독서로 어떤 방향이 좋을까?'를 조금이라도 고민할 수 있다면 그것으로 충분하다.

『하루 30분 혼자 읽기의 힘』의 저자인 낸시 앳웰은 이렇게 이야기한다. "각자의 수준에 맞는 재미있는 책을 읽을 때 내용에 대한 이해는 자동적으로 일어난다. 아이들은 그냥 이해한다."

나는 이것을 이렇게 바꿔서 표현하고 싶다. "각자의 성격(성향)에 맞는 재미있는 책을 읽을 때 내용에 대한 이해는 자동적으로 일어난다. 그리고 이것이 쌓여 임계점을 넘는 순간 인생은 변화될 것이다."

02.
표현하게 하라(적극적인 아이)
: 처칠식 독서법

여기 다음 이력을 가진 한 청년이 있다. 과연 그는 누구일까?

- 학창 시절 왕따, 언어 장애, 말더듬이
- 고등학교 때까지 만년 꼴찌
- 사관학교를 삼수 끝에 겨우 입학
- 오직 영어만 잘하는 머리 나쁜 학생

여기까지 읽으면 누구인지 잘 모를 수도 있다. 조금 더 살펴보자.

- 9살 때 아버지에게 받은 『보물섬』을 읽음. 『로마제국쇠망사』를 필독서로 삼아 즐겨 읽음

- 10대 중반에 죽고 싶다고 어머니께 이야기함. 어머니는 다음 처방을 내려 매일 지키게 함
  "하루 5시간은 무조건 독서해라. 2시간은 무조건 신체를 단련해라."
- 31살에 차관이 됨. 34살부터 상무부 장관을 시작으로 7개 부처의 장관을 거쳤고, 두 번이나 영국 총리를 지냄
- 1953년 『제2차 세계대전』이라는 책으로 노벨문학상을 수상함
- 2002년 '위대한 영국인 100인'에서 1위를 차지함

이제 누구인지 알겠는가? 그렇다. 그는 제2차 세계대전을 승리로 이끈 영국의 위대한 정치가인 윈스턴 처칠이다. 그는 귀족 가문이었음에도 불우한 학창 시절을 보냈다. 이지성의 『당신의 아이는 원래 천재다』에는 그와 관련된 일화가 나온다.

> 그의 아버지는 매독이 원인 된 정신이상자였다. 어머니는 도색 잡지의 스캔들 난에 끊임없이 등장하는 소문난 바람둥이였다. 남편에 대한 복수심 때문이었다. 정신이상자 아버지는 툭하면 처칠을 세워 놓고 이렇게 말하곤 했다. "너는 내 인생의 찌꺼기야. 너는 절대로 제대로 자랄 수 없을 거야." 그러면 할머니가 뒤에서 맞장구를 쳤다. 처칠이 10대 중반이 되기까지 어머니는 아예 집에 들어오지 않는 날이 많았다. 가정 환경이 이러하니 처칠이 제대로 자랄 리 만무했다.

아무리 집안이 좋아도 부모가 자녀를 어떻게 바라보느냐에 따라 아

이의 심리 상태는 크게 흔들린다. 아직 여물지 않은 씨앗과 같기 때문이다. 이때 부모가 내뱉는 말 한마디는 아이에게 큰 힘이 되기도 하고, 큰 좌절이 되기도 한다. 미국의 정신분석학자 에리히 프롬은 "아이의 의지를 동요시키는 가장 효과적인 방법은 죄책감을 느끼게 하는 것이다."라고 이야기한다. 처칠은 부모가 한 부정적인 말로 죄책감을 느껴 학창 시절에는 늘 위축될 수밖에 없었을 것이다.

> "학교 아이들은 모두 나를 따돌리고 선생님은 툭하면 나를 천하의 멍청이라고 한다. 죽고 싶다. 달리는 기차 앞으로 뛰어들고 싶다."라며 처칠은 몇 년 만에 만난 어머니 앞에서 이렇게 울부짖었다.
> 그날부터 처칠의 어머니는 변하기 시작했다. 바람둥이 생활을 청산하고 아들 처칠의 장래를 위해 헌신했던 것이다. 처칠을 저능에서 천재로 변화시키려고 그녀가 사용한 처방은 바로 이것이다. "하루 5시간은 무조건 독서해라. 2시간은 무조건 신체를 단련해라."

그는 과연 어떤 마음으로 어머니를 찾아갔을까. 그리고 그를 변화시킨 강력한 것은 무엇일까. 나는 그에게서 '간절함'을 보았다. 간절함은 그 어떤 것보다 강력한 힘의 원천이 된다. 처칠은 지긋지긋한 현실을 벗어나기 위해 몸부림치면서 매우 간절하게 어머니에게 조언을 구했다. 그리고 그녀의 조언대로 거의 매일 실천해서 결국 전과는 완전히 다른 삶을 살기 시작했다. 이것을 가능하게 한 것이 바로 '간절함'이다.

누구에게나 간절함이 있다. 간절하게 갖고 싶은 것, 되고 싶은 것, 하고 싶은 것 등이 있지만, 이것을 표현하지 않으면 그 간절함은 그냥 마음에서 사라질 때가 많다. 마음에서 끌어내는 방법은 적극적으로 표현하는 길뿐이다. 말, 행동, 글 등으로 표현하는 사람만이 그 간절함을 현실로 이끌어 낼 수 있다. 처칠의 간절함은 독서로 훌륭하게 발휘되었다. 『처칠, 나의 청춘기』에 그의 고백이 나온다.

"11월에서 5월에 걸쳐 나는 매일 4시간 내지 5시간 역사와 철학을 읽었다. 플라톤의 『공화국』, 아리스토텔레스의 『정치론』, 쇼펜하우어의 『염세론』, 말더스의 『인구론』, 다윈의 『종의 기원』 그 밖의 보다 가벼운 내용의 책도 아울러 읽었다. 그것은 약간 색다른 공부법이었다."

그가 한 명언에서도 독서에 대한 간절함은 잘 드러난다. "쓸데없는 생각이 자꾸 떠오를 때는 책을 읽어라. 쓸데없는 생각은 비교적 한가한 사람들이 느끼는 것이지 분주한 사람은 느끼지 않는다.", "쓰다듬고, 쳐다보기라도 해라. 아무 페이지나 펼쳐서, 아무거나 눈에 띄는 구절부터 읽기 시작하는 거다.", "책과 친구가 되지 못하더라도, 서로 알고 지내는 것이 좋다. 책이 당신 삶의 내부로 침투해 들어오지 못한다 하더라도, 서로 알고 지낸다는 표시의 눈인사마저 거부하면서 살지는 마라."

적극적인 아이는 자신의 간절함을 잘 표현한다. 이것은 부모로서 정말 큰 행운이다. 아이의 표현에서 성향을 확실히 알 수 있기 때문이다. 그 간절함을 더욱 이끌어 내라. 그리고 그 간절함 속에 독서가 살아 숨쉬는 순간 내 아이는 더욱 영향력 있고 진취적인 삶을 살아갈 것이다.

03.
경청하게 하라(소극적인 아이)
: 링컨식 독서법

어느 날 한 청년이 톨스토이에게 이렇게 물었다.

"작가님, 저는 제 인생을 송두리째 변화시키고 싶습니다. 어떻게 해야 할까요?"

톨스토이는 미소를 지으며 말했다.

"좋은 사람을 만나십시오."

그 청년은 머리를 갸우뚱하며 다시 물었다.

"제 곁에는 좋은 사람이 없는데 어떻게 하죠?"

톨스토이는 망설임 없이 대답했다.

"그렇다면 좋은 책을 많이 만나십시오. 그것이 당신의 인생을 바꾸는 최고의 지름길입니다."

작가이자 동기부여가인 찰스 존스는 이렇게 이야기한다. "두 가지에서 영향을 받지 않는다면 우리 인생은 5년이 지나도 지금과 똑같을 것이다. 그 두 가지란 우리가 만나는 사람과 읽는 책이다."

이 두 이야기에서 발견할 수 있는 키워드는 바로 사람과 책이다. 그 두 키워드는 우리 삶에서 매우 중요하다. 나는 소극적이고 내성적인 아이의 부모와 종종 상담을 한다. 부모의 상담 요지는 다음과 같다. "아이가 너무 소극적이라서 걱정이에요. 좀 더 적극적인 아이로 바꿀 수 있는 방법은 없을까요?"

나는 아이가 소극적인 것은 큰 문제가 아니라며 이렇게 말한다. "소극적이고 내성적이라는 것은 반대로 뒤집어 보면 매우 중요한 장점일 수 있습니다. 그런 아이는 매우 조용하다는 특징이 있습니다. 그리고 다른 사물과 사람을 관찰하며 끊임없이 생각한다는 특징도 있습니다. 그와 동시에 경청도 잘 합니다. 이런 특징은 독서에서도 나타납니다. 저자가 하는 말에 귀를 기울이며, 끊임없이 책 속을 관찰합니다. 독서를 즐기도록 하세요. 책과 친해지면서 내공을 쌓을 수 있는 지금이 아이에게 맞는 가장 최적기입니다."

아이가 적극성을 띠어야만 좋은 것은 아니다. 소극적인 아이의 특성을 살리면 오히려 더욱 멋진 미래를 여는 발판을 마련할 수 있다. 나는 학창 시절 내내 소극적인 아이였다. 선생님이 발표하라고 지목하면 심장이 두근거려 떨리는 목소리로 겨우 대답했던 기억이 있다. 당시는 잘 몰랐지만, 지금은 알게 된 장점 중 하나가 바로 앞에서 말한 관찰력과 경청이다. 소극적이고 내성적인 성격 탓에 말을 하기보다는 주로 듣는 편이었고, 주의를 관찰하는 시간이 많아지면서 사색도 많이 했던 어린 시절이었다. 13년간 아이들을 가르치면서 내성적인 아이에게서 대부분이 두 가지 특징이 나타남을 알 수 있었다. 내성적인 아이는 그렇지 않은 아이에 비해 관찰력과 경청하는 능력이 뛰어났던 것이다. 내성적인 성향을 보이는 아이는 책 속 명언을 이야기해 주면 그 글귀를 계속 곱씹어 생각한다.

독서를 할 때 이 두 가지 요소는 정말 중요하다. 저자의 생각을 깊이 묵상할 수 있고(관찰), 그의 소리를 들을(경청) 수 있어야 한다. 어떻게 보면 이 두 가지는 독서에서 핵심적인 역할을 한다고 볼 수 있다. 독서에서만큼은 소극적인 아이가 오히려 더욱 반가운 이유다. 이들은 자신의 현재 위치를 인정하고, 내면에서 들리는 자신의 목소리와 끊임없이 대화한다. 그러면서 내적 성장이 활발하게 일어나는 것이다. 이때 촉매 작용을 하는 것이 바로 질문을 독려하는 책과 만남이다. 당장은 그 효과가 눈에 띄지 않겠지만, 자라면서 점점 성장하게 된다. 그것을 고려하지 않은 채 부모의 시각으로 아이를 적극적으로 키우려고 억지로 끌고 가면 역효과만 일어난다. 앞에서 말한 기질, 성향, 성격의 차이를 인정하고 그에 맞는 독서법을 적용해야 하는 것도 다 이런 이유에서다.

나는 소극적인 성향을 지닌 아이들에게 링컨을 소개한다. 링컨은 관찰과 경청의 대가답게 섬김의 리더십을 삶에서 보여 주었기에 지금까지도 가장 존경받는 대통령으로 회자되고 있지 않는가! 링컨은 독서에 이 두 가지를 잘 접목시켜서 철저하게 삶으로 증명해 냈다.

그렇다고 링컨의 독서법을 하나하나 분석해서 똑같이 모방할 필요는 없다. 링컨은 링컨이요, 내 아이는 내 아이다. 링컨의 독서 인생에서 내 아이에게 맞는 옷이 있다면 그것만이라도 입혀 보자. 전광 목사는 『백악관을 기도실로 만든 대통령 링컨』에서 링컨에게 영향을 준 5권의 책을 소개한다.

첫 번째 책은 『성경』이다. 존경한 어머니가 죽기 전 물려준 성경은 그에게 가장 큰 영향을 준 책이었음이 분명하다. 톨스토이는 링컨을 가리켜 진정한 거인, 예수 그리스도의 축소판, 가장 위대한 성자라고 했으며, 그를 영원히 기억할 것이라고 말했다. 전쟁 중에도 『성경』은 그에게 마음의 안식과 확신을 가져다준 가장 든든한 지원군이었다.

두 번째 책은 『워싱턴 전기』다. 먼 마을에 사는 앤드류 크라포드의 집에서 일을 하던 그는 서재에서 『워싱턴 전기』를 발견하고는 빌려 와서 밤새도록 읽었다. 그러다 깜박 잠이 들었는데, 비가 쏟아져 빌린 책이 흠뻑 젖어 버렸다. 책값을 물어 주는 대신 농사일을 하기로 하고 링컨은 그 책을 자신의 것으로 소유할 수 있었다. 링컨은 『워싱턴 전기』를 반복해서 읽으면서 대통령에 대한 밑그림을 그려 나갔고, 워싱턴의 삶을 모델로 하여 미국 제16대 대통령이 되어 영원히 기억에 남는 존경받는 대통령도 될 수 있었다.

세 번째 책은 『천로역정』이다. '크리스천'이 천국으로 들어가기까지 겪는 험난한 인생길을 다룬 책으로, 책을 읽은 링컨도 수많은 역경을 그리스도의 정신으로 이겨 내리라고 다짐했다 한다.

네 번째 책은 『이솝우화』다. 링컨이 책을 좋아한다는 소문을 들은 한 부인이 선물한 이 책에서는 지혜와 유머를 배울 수 있었다. 당시 저자인 이솝이 노예 신분이었는데, 이런 환경에서도 유머와 재치가 가득한 책을 썼다는 점에 링컨은 주시했다고 한다.

다섯 번째 책은 『톰 아저씨의 오두막집』이다. 링컨은 흑인 노예들을 해방시키는 데 이 책에서 결정적인 도움을 받았다고 고백한다. 흑인 노예 제도의 모순을 더욱 확신하게 되었으며, 대통령이 되어서도 뜻을 굽히지 않을 만큼 강한 영감을 준 책이었다.

이 5권의 책은 링컨이 삶을 설계하는 데 큰 바탕이 되어 주었다. 신기하게도 지금도 여전히 많이 읽는 책들이다. 『성경』은 최고의 베스트셀러가 아닌가. 링컨이 읽은 책과 우리가 지금 읽고 있는 책이 전혀 다르지 않다. 하지만 같은 책을 보아도 어떤 관점으로 바라보고 그것을 내 삶에 적용하느냐에 따라 결과는 사뭇 다르게 나타난다. 링컨은 한 권씩 공들여 있는 정독을 좋아했다. 이 책들을 부단히 정독함으로써 삶으로 나타낸 것이다.

소극적인 아이는 관찰력과 경청이라는 장점으로 무장하여 한 권의 책을 부단히 읽어 자기 삶으로 엮는 능력을 십분 발휘할 수 있다. 이들에게는 많은 책보다는 적은 책이라도 링컨처럼 반복 독서하는 것이 오히려 효과가 더 클 수 있다. 서재에 내 아이와 어울리는 10권의 책을 선정해서 함께 부단히 읽어 보자. 이야기를 나누면서 부모와 아이 삶에 적용할 수 있는 부분들을 함께 찾아보자. 그리고 시간을 정해 다시 한 번 정독하는 것이다.

아이는 이런 과정을 거치면서 자란다. 내면의 벽을 서서히 깨뜨려 진정한 자아를 찾게 되는 것이다. 이 벽은 한 번에 허물어질 수도 있고, 서서히 허물어질 수도 있다. 독서는 그 틈을 가능하게 한다. 그러나 행동이 소극적인 것은 괜찮지만 생각이 소극적이어서는 안 된다는 것을 명심하자. 독서로 적극적으로 사고하여 세상의 빛과 소금이 되는 역할을 담당하는 것이다.

소극적인 내 아이가 제2의 링컨이 될 수도 있지 않겠는가? 링컨처럼 마음을 관찰하고 경청하는 자세가 있다면 누구나 가능하다. 링컨의 고백이 우리의 고백이 되기를 바란다.

"사람마다 특정한 야심이 있다고 말합니다. 그것이 사실인지 아닌지는 모르겠지만, 한 가지는 말할 수 있습니다. 나에게 야심이 있다면, 그것은 나와 동시대를 사는 사람들이 진정으로 고귀한 사람들이 되기를 바라는 마음입니다."

04.
키워드를 뽑게 하라(몰입하는 아이) : 뉴턴식 독서법

- 나는 초등학교 시절 언제나 꼴찌였다.
- 결국 학습 부진아 반에 들어가게 되었다.
- 교장선생님께서 인문고전을 소개해 주셨다.
- 점점 두뇌가 변화되기 시작했다.
- 대학생이 된 나는 노트 첫 장에 아리스토텔레스를 필사했다.
- 노트에 이렇게 적었다. "플라톤과 아리스토텔레스는 나의 친구다."
- 떨어지는 사과를 보고 만유인력의 법칙을 발견했다.

여기서 말하는 '나'는 누구일까? 마지막 문장을 보고 이미 알아챘을 것이다. 그렇다. 아이작 뉴턴이다. 뉴턴을 다룬 책을 읽기 전까지 그는 당연히 태어날 때부터 소문난 천재인 줄 알았다. 나는 에디슨, 윈스턴 처칠, 아인슈타인 등 많은 위인이 어린 시절 뉴턴처럼 소위 학습 부진아였다는 사실에 충격을 받았다. 인젠리의 『좋은 엄마가 좋은 선생님을 이긴다 : 인성편』에는 뉴턴의 성향을 알 수 있는 일화가 나온다.

"뉴턴은 늘 실험에 빠져 살았는데 어느 날 점심에 친구들을 초대했다. 친구들은 뉴턴이 오기를 목이 빠지게 기다렸다. 하지만 끝내 오지 않자 자기들끼리 농담을 하며 하인이 내온 점심 만찬을 먹고 먼저 자리를 떴다. 뉴턴은 뒤늦게 실험실에서 나와 식탁 앞에 갔다가 빈 접시가 가득한 것을 보고 혼잣말로 "내가 점심을 먹었구나."라고 말하고 다시 실험실로 갔다."

어느 한 가지에 빠지면 몰입하는 뉴턴의 모습을 볼 수 있는 일화다. 그의 명언에도 몰입, 인내 등 단어가 자주 등장한다. "굳은 인내와 노력을 하지 않는 천재는 이 세상에서 있었던 적이 없다.", "오늘 할 수 있는 일에 전력을 다하라. 그러면 내일에는 한 걸음 더 진보한다."

독서를 할 때도 그의 성향은 잘 드러난다. 이해할 때까지 읽고, 또 읽는다. 그리고 그는 체계적으로 노트를 정리했다. 김병완의 『오직 읽기만 하는 바보』에서는 이렇게 이야기한다.

"아이작 뉴턴은 매우 체계적인 노트 정리를 했던 인물로 알려진다. 그는 45개의 소제목을 만들었다. 그리고 그 아래에 독서를 통해 얻은 것들을 정리했다. 그저 책의 내용을 정리하는 수준을 뛰어넘어 자신이 읽은 책에 대해 항상 질문을 던졌고, 그러한 질문을 통해 엄청난 사색을 능동적으로 하는 그런 메모노트 독서법이었다."

뉴턴이 굉장한 독서광이었다는 것은 익히 알려진 사실이다. 내가 여기서 주목한 것은 뉴턴은 45개의 키워드로 나눠 정리했다는 점이다. 키워드를 범주화하는 것은 중요하다. 대부분의 작가가 컴퓨터 폴더를 세분화하여 주제별로 자료를 수집한다. 예를 들어 오프라 윈프리는 기쁨, 회생력, 교감, 감사, 가능성, 경외, 명확함, 힘 등 8개의 소주제로 나눠 14년간 칼럼으로 쓴 사색의 글들을 『내가 확실히 아는 것들』이라는 책으로 엮어 냈다. 박웅현의 『여덟 단어』도 자존, 본질, 고전, 견(見), 현재, 권위, 소통, 인생 등 8개의 가치에 대한 키워드로 엮은 책이다. 나는 여기서 책을 단순히 읽기보다는 나만의 키워드를 범주화하여 발견한 자료를 하나씩 정리하면서 읽으면 독서가 더욱 재미있다는 점을 강조하고 싶다. 이 자료가 쌓여 나의 관심사가 그대로 녹아 있는 새로운 책으로 탄생할 수 있을 것이다.

『책 읽는 아이, 토론하는 우리집』의 저자 김성현 선생님은 글을 쓰는 방에 있는 책장을 총 6개의 칸으로 나눴다고 이야기한다. 각 칸마다 정해진 주제가 있는데, 부모교육, 독서교육, 창의적 수업, 책쓰기 연구, 현장학습, 자기계발이 그것이다. 신문이나 잡지 등을 읽다 해당 분야에서 소중한 자료를 발견하면 이를 스크랩하여 해당 칸에 정리해 놓는데, 집필에 큰 도움이 된다고 SNS에서 밝히고 있다.

나는 에버노트라는 메모장 어플을 활용한다. 개인적으로는 스마트폰이 활성화되면서 만난 최고의 어플로 여기는 프로그램이다. 나는 32개의 키워드로 나눠 5년 동안 정리해 왔다. 책을 읽으면서 기억하고 싶은 중요한 글귀를 사진이나 글로 정리해 에버노트에 넣는다. 그리고 짧은 내 생각을 적어 넣는 방식으로 하나하나 모았는데, 자연스럽게 한쪽으로 자료가 편중되었다. '독서', '배움', '육아', '자녀교육', '부모' 등 내가 관심 있어 하는 소제목 자료들이 점점 쌓이면서 나만의 생각도 쌓여 갔다. 주말에는 한 주간 동안 모은 자료를 키워드별로 읽어 나갔다. 서로 다른 책에서 엮은 하나의 생각 그물이 탄생하는 순간이다. 다양한 작가의 시선이 한 키워드로 만나면서 이질적인 내용들을 하나의 학문으로 다시 만드는 재창조 작업이 주말마다 일어났다. 매주 32개의 새로운 테마가 내 머릿속을 채웠다. 한 권의 책을 읽을 때는 그 저자만의 의견에 불과했지만, 이렇게 범주화해서 모은 자료를 한 번에 읽으니 내 생각을 정리하는 데 유용했다. 지금도 평소 모았던 자료, 생각했던 것을 나열하면서 이 책을 쓰고 있다.

나처럼 에버노트에 하나로 엮을 필요는 없다. 하지만 관심 있는 소제목을 만들어 분류하는 작업은 내 아이의 독서력을 높이는 데 일조할 것이다. 한 권의 책을 읽고 독후감으로만 끝난다면 그 지식과 지혜는 하나로 엮기가 어렵다. 뉴턴은 45개의 키워드로 자신만의 독서노트를 작성해 독서력을 키울 수 있었다고 생각한다.

이제 공책을 꺼내 나만의 소제목을 만들어 보자. 일단 시도해 보면 내 지적 자산과 지혜가 점점 쌓이는 것을 반드시 경험할 것이다. 그럼 어느 순간 뉴턴이 되어 있는 나를, 내 아이를 발견할 것이다.

05.
도전하게 하라(열등감이 있는 아이) : 나폴레옹식 독서법

고통받는 사람들을 위한 시

- 로이 캄파넬라

나는 신에게 나를 강하게 만들어 달라고 부탁했다. 모든 일에 성공할 수 있도록
그러나 신은 나를 약하게 만들었다. 겸허함을 배우도록

나는 건강을 부탁했다. 많은 일을 할 수 있도록
그러나 나는 허약함을 선물받았다. 더 가치 있는 일을 할 수 있도록

나는 부유함을 원했다. 행복할 수 있도록

그러나 나는 가난함을 받았다. 지혜를 가질 수 있도록

나는 힘을 달라고 부탁했다. 사람들의 찬사를 받을 수 있도록
그러나 나는 열등함을 선물받았다. 신의 필요성을 느끼도록

나는 모든 것을 갖게 해 달라고 부탁했다. 삶을 누릴 수 있도록
그러나 나는 삶을 선물받았다. 모든 것을 누릴 수 있도록

나는 내가 부탁한 것들을 하나도 받지 못했지만
나에게 필요한 모든 것을 선물받았다.

나는 하찮은 존재인데도 신은 내 무언의 기도를 다 들어 주셨다.

나는 모든 사람들 가운데서
가장 축복받은 자다!

잭 캔필드와 마크 빅터 한센의 『영혼을 위한 닭고기 수프』를 읽고 깊은 감동에 빠졌다. 그중 '고통받는 사람들을 위한 시'를 읽고는 수많은 위인도 모두 다른 결핍을 극복하면서 큰 업적을 이루었다는 사실을 새삼 알게 되었다. 그리고 나에게 주어진 결핍은 무엇인지를 생각했다. 열등감! 지금의 나를 아는 사람들은 무슨 소리냐고 할 수 있겠지만, 나 역시 열등감에 사로잡혀 있던 사람이다. 나는 이 열등감을 노래라는 것

으로 승화하며 자존감을 향상시켰다. 그리고 마침내 독서와 글쓰기가 이것을 완전히 벗어날 수 있게 해 주었다.

열등감을 아이들에게 이야기할 때 나는 수많은 위인 중 나폴레옹이 생각난다. 그의 어린 시절을 따라가 보자. 매우 작은 키에 얼굴 또한 볼품이 없었고, 11살에 코르시카 섬에서 프랑스로 건너갔으나 친구들에게 시골뜨기란 이유로 왕따를 당했다. 일명 촌뜨기였던 것이다. 나폴레옹은 철저히 외톨이였다. 큰 열등감을 느꼈을 것이다. 거기다 당시 프랑스 식민지였던 코르시카 섬에서 태어났으니 열등감이 엄청 컸을 것이다. 하지만 그는 처절한 고독을 독서로 승화시켰다. 김종원은 『사색이 자본이다』에서 위인들의 명언을 빌려 고독과 외로움의 차이를 이렇게 이야기한다.

"외로움이란 혼자 있는 고통을 표현하는 말이고, 고독이란 혼자 있는 즐거움을 표현하는 말이다."(신학자 폴 틸리히), "영감은 오직 고독 속에서만 얻을 수 있다."(괴테), "혼자일 때, 비로소 있는 그대로의 자신을 느낄 수 있다. 초라한 자는 자신의 초라함을, 위대한 정신은 자신의 위대함을 온전히 느낀다."(쇼펜하우어)

고독은 외로움과 달리 미래를 위해 한 발 물러서는 것이라고 말한다. 나폴레옹은 그런 고독을 독서하는 데 활용했던 것이다. "나는 독서를 해야 하기 때문에 다른 일을 할 시간이 없다." 나폴레옹에게 삶의 우선순위가 무엇이었는지 알 수 있는 말이다.

과연 나 자신은 어떤지 되물어 보자. 시간이 없기 때문에 독서를 못하는 것인지, 시간이 있어도 독서를 하지 않는 것인지 말이다. 나폴레옹의 독서 우선순위 법칙을 안 뒤로 나는 새벽에 일어나서 독서로 하루를 시작했다. 6년이 흐른 지금 내 삶은 완전히 달라졌다. 내가 나를 대하는 태도, 내가 다른 사람을 대하는 태도, 내가 세상을 대하는 태도가 확실히 달라진 것이다. 시간이 없어서 독서를 하지 못하는 사람에게 다음 두 가지를 조언한다.

"수많은 변명 가운데 가장 어리석고 못난 변명은 '시간이 없어서'다."라고 말한 에디슨의 고백이 하나요, 다른 하나는 어떤 일을 하기 전 10분 독서를 하고 일을 시작하라는 것이다. 출근 전 10분, 식사 전 10분, 식사 후 10분, 업무 전 10분, 업무 후 10분 등 10분 틈새 독서를 모으면 1시간 이상은 된다. 일주일만 시도해 보자! 효과는 기대 이상일 것이다. 어느 순간 10분이 20분이 되고, 20분이 1시간이 되는 전에는 상상하지도 못한 독서의 세계에 빠질 것이다.

다음은 어린 시절 나폴레옹에게 있었던 일화다. 하루는 선생님이 아이들에게 "저 산마루에 꽂혀 있는 무지개를 잡아 올 수 있느냐?"라고 묻자, 모두들 "잡아 올 수 없습니다."라고 대답했다. 하지만 소년 나폴레옹만은 이렇게 말했다. "내가 잡아 올 테니 두고 봐라!" 그리고 산을 향하여 뛰어갔다. 얼마 뒤 무지개를 잡지 못한 나폴레옹이 기진맥진하여 돌아오니 친구들은 "그럴 줄 알았다."라며 비아냥거렸다. 그러자 나폴레옹은 이렇게 외쳤다. "너희들은 무지개를 잡아 올 수 없다고 생각했기 때문에 그 자리에서 꼼짝도 하지 않았지만, 나는 잡을 수 있다고 생각했기 때문에 저 산 꼭대기라도 갔다 올 수 있었지 않느냐?"

이 일화에서 그의 도전 정신은 희망을 쫓고 있음을 알 수 있다. 그는 독서로 모든 일에 불가능은 없다는 '희망'을 본 것이다. 무한한 희망을 품는 나폴레옹을 괴테와 하이네는 존경했으며, 심지어 괴테는 나폴레옹을 '참 인간'으로 표현했다.

희망은 불가능을 가능하게 해 준다. 에디슨의 말을 나폴레옹이 각색한다면 이렇지 않았을까? "99%의 불가능은 1%의 가능성으로 언제든지 바꿀 수 있다." 키와 관련된 그의 명언 또한 남다르다. "내 키는 땅에서부터 재면 가장 작으나, 하늘에서부터 재면 가장 크다."

나폴레옹은 평생에 걸쳐 8,000권을 읽었다고 한다. 전쟁터를 갈 때도 1,000여 권의 책을 가지고 다니는 전속 사서를 따로 둘 정도로 독서광이었다.

아이에게 희망을 선물하라. 책 속에 수많은 희망멘토가 있다. 그 멘토들의 발자취를 따라가다 보면 열등감을 넘어 멋있게 성장하는 내 아이를 만날 수 있을 것이다. "내 사전에 불가능은 없다."라고 한 나폴레옹의 명언 뒤에 이 말을 덧붙이고 싶다.

"내 사전에 불가능은 없다. 단지 독서를 통한 희망만이 있을 뿐이다."

06.
토론하게 하라(토론하는 아이) : 나폴레옹 힐식 독서법

"책 읽기는 단순하게 책을 본다는 뜻이 아니다. 책을 읽는다는 것은 곧 '사람을 만나는 것'과 같다. 책 읽기는 시공을 뛰어넘어 사람을 만나는 것인 동시에 서로의 생각이 만나는 것이다. 그리고 생각의 교류를 통해 우리는 원하는 것을 얻을 수 있다. 그러므로 책을 통해 지식을 쌓는다는 것은 그 이후의 문제다. 책을 한 권 완성한다는 것은 정신, 지식, 사상, 경험을 모두 포함한 개인의 삶 자체를 책에 담아내는 것과 같다. 그러므로 우리는 책을 통해서 당장이라도 앨빈 토플러의 강의를 들을 수도 있고, 헤르만 헤세에게 문학 강의를 들을 수도 있다. 이것이 바로 책의 유용함이다."

『포커스 리딩』의 저자 박성후가 말하는 책의 유용함이다. 나는 이 글로 깊은 생각에 잠겼다. '책을 읽는다는 것은 결국 사람을 만나는 것이라!' 직접 저자를 만날 수 있다면 더할 나위 없이 좋겠지만, 책이 있기 때문에 우리는 직접 만나지 않더라도 저자와 쉽게 소통할 수 있다.

지난 2016년 때 있었던 일이다. 이 날도 새벽 4시 30분이 되자 어김없이 핸드폰에서 불빛이 깜박였다. 『성장하는 엄마 꿈이 있는 여자』의 저자 김미경이 운영하는 미라클 모닝 클럽에 가입한 10여 명의 사람들이 '굿모닝' 하며 SNS로 아침 인사를 했기 때문이다(2017년 현재 50명 정도가 미라클 모닝 인사를 한다).

어느 비가 오는 날 한 회원은 이렇게 말했다. "햇볕이 화창한 날은 뭔가 더 해야 할 것 같은 욕심에 마음이 바빴는데 더위가 물러간 오전, 저는 김미경 작가님과 소통하고 있답니다." 그러자 다른 회원이 부러운 말투로 "와~ 소중한 시간 보내고 계시군요." 하자 『성장하는 엄마 꿈이 있는 여자』에서 10쪽 분량을 사진으로 찍어 SNS로 보내 주었다. 우리는 모두 한 목소리로 "앗! 속았어요!"라고 말했다.

하지만 나중에 생각해 보니 우리도 책으로 저자와 소통하고 있었다. 나는 그 감사함을 못 느낀 채 그동안 책을 읽었다는 것에 반성을 했다. 그날 이후부터는 책을 읽을 때 저자와 대화를 한다는 마음으로 읽게 되었다. 마음가짐만 바꿨을 뿐인데, 느낌이 전혀 달랐다. 『논어』를 읽을 때는 공자가 내게 말을 하는 것 같고, 『소크라테스의 변명』을 읽을 때는 소크라테스가 내게 말을 건네는 것 같았다.

책으로 저자와 막연히 대화를 한다고 느꼈던 나에게 나폴레온 힐의 『놓치고 싶지 않은 나의 꿈 나의 인생』은 그것을 더욱 확고하게 자리잡게 했다. 그는 9명의 롤모델을 상상 속 테이블로 데려와서는 1년 넘게 회의를 했다고 한다.

“한번은 원고를 쓰는데 문득 흉내 내기 습관이 떠올랐다. 그 순간 가장 감동적인 생애를 보냈다고 생각되는 아홉 명을 골라 그 사람들을 흉내 냄으로써 성격을 바꿔 보려는 실험을 시작했다. 그 아홉 명은 에머슨(시인, 사상가), 페인(철학가), 에디슨(발명가), 다윈(진화론자), 링컨(정치가), 버배크(원예가), 나폴레옹(황제), 포드(자동차왕), 그리고 카네기(철강왕)다. 나는 1년 넘게 밤마다 ‘눈에 보이지 않는 멘토들’과 상상으로 회의를 열었다. 우선 잠들기 직전에 조용히 눈을 감고, 그들과 함께 테이블에 둘러앉아 있는 모습을 상상했다. 여기서 나는 이 위대한 인물들과 한자리에 앉아 있을 뿐 아니라 나 자신이 회의를 진행하는 의장이 된다. 내가 밤마다 상상 속 회의를 연 것은 아주 명확한 목적이 있기 때문이었다. 눈에 보이지 않는 이 멘토들의 개성을 합성하여 자신의 성격을 바꾸려는 것이다. 무지와 미신 가운데서 자라온 결점을 언젠가는 극복하겠다고 젊은 시절부터 벼르고 있었으므로 신중하게 생각한 끝에 다시 태어나기 위해 이 방법을 사용했다.”

나는 이 상상멘토들과 한 회의에 무척 감명을 받았다. 내 장점이 무엇인가! 좋다고 여기면 즉각 따라하는 실천가였기에 바로 적용했다. 먼저 평소 존경하던 9명의 교사를 선정했다. 김성현 선생님(독서토론, 부모교육), 허승환 선생님(심성 놀이), 서준호 선생님(교실연극, 심리극), 정유진 선생님(행복교실), 김성효 선생님(진로지도, 학급 경영), 이영근 선생님(학급 경영, 토의토론), 김택수 선생님(교육마술), 김차명 선생님(교육 콘텐츠, 비주얼 씽킹), 송재환 선생님(고전교육)을 모아 놓고는 나폴레온 힐처럼 상상 회의를 열었다. 의장은 당연히 나였다. 상상만으로도 그들처럼 훌륭한 교사가 된 듯했다. 그들에게 이렇게 질문을 했다.

"김성현 선생님, 책을 읽지 않는 아이들에게 다가갈 수 있는 노하우가 있을까요?"

"허승환 선생님처럼 아이들의 심성을 울려서 교육적으로 접근하고 싶은데, '나'라는 가치를 심어 줄 수 있는 놀이 중 최고로 생각하시는 것이 있다면?"

"서준호 선생님, 심리극을 잘 보고 있습니다. 우리 반 한 부모와 아이는 그 어떤 것도 거부하는데 좋은 방법이 있는지요?"

"정유진 선생님, 행복교육학 여행을 말씀하셨는데 선생님의 어떤 간절함이 지금의 행복교실을 만들게 되었을까요?"

"김성효 선생님, 아침에 아이들에게 와플을 구워 주는 섬김의 모습 진심 감동이었습니다. 선생님의 선한 마음을 본받아 저도 아이들과 무언가를 했으면 하는데 조언을 해 주신다면?"

"이영근 선생님, 따뜻한 학급 경영에 언제나 감탄입니다. 선생님의 학급 경영 철학 중 전수해 주고 싶은 것이 세 가지 있다면 무엇일까요?"

"김택수 선생님, 교육을 마술로 승화시켜 주셔서 감사합니다. 역사를 가르칠 때 마술을 접목시키고 싶은데 이에 어울리는 교육마술이 있다면 한 가지 소개해 주시겠어요?"

"김차명 선생님, 저는 미술에 영 관심이 없어서 아이들에게 미술 교과로 다가가기가 쉽지 않습니다. 이런 제가 어떤 교육적 콘텐츠로 접근하면 좋을까요?"

"송재환 선생님, 저 역시 고전의 힘을 믿는 교사 중 한 명입니다. 저부터 고전을 통해 의식을 확장해야 할 텐데……. 선생님께서 생각하시는 다양한 적용 방법을 알려 주시면 감사하겠습니다."

이것은 나폴레온 힐이 했던 방식을 나에게 맞춰 각색한 것이다. 어떤가! 쉽지 않은가? 이렇게 하다 보면 내 잠재의식은 조금씩 변화되리라 믿는다. 나는 어떤 문제가 있을 때 그에 어울리는 선생님을 상상 속으로 모셔 와 늘 의논을 한다. 그러면 내가 생각하지 못한 방법으로 해답을 얻을 때가 있다. 저자와 대화는 전혀 어렵지 않다. 내 힘으로 하려고 하지 말고 뉴턴의 고백처럼 거인의 어깨에 올라타서 그들의 힘을 이용해 보자.

9명이 너무 많은 것 같다고 생각한다면 3명도 좋다. 아니 단 1명도 좋다. 자신의 롤모델과 행복한 나눔을 하기 바란다. 『21세기를 여는 대화』에서 아놀드 토인비 박사는 인류가 진정으로 평화롭고 행복하게 공존하며 거대한 꿈을 실현하는 방법은 결국 한 사람, 한 사람과 나누는 '대화'라고 이야기한다. 롤모델과 대화, 저자와 대화, 우리 반 아이들과 대화, 내 자녀와 대화, 그리고 무엇보다 자기 자신과 대화를 나눠 멋진 독서의 삶을 펼쳐 보자.

나의 독서멘토는 크게 3명이다. 시기별로 나누면 이지성, 김병완, 박성후 작가 순이다. 이지성의 『독서 천재가 된 홍대리』로 독서에 입문할 수 있었고, 『꿈꾸는 다락방』으로 꿈이란 것을 알게 되었다. 김병완의 『48분 기적의 독서법』, 『초의식 독서법』, 『1시간에 1권 퀀텀 독서법』

으로는 다독의 중요성, 독서의 깨달음을 얻을 수 있었고, 박성후의 『포커스 리딩』, 『포커스 씽킹』으로는 이렇게 저자가 될 수 있었다. 나는 매일 이 3명의 멘토를 상상 테이블에 모신다. 이들과는 상상 속에서 회의보다는 담소를 나눈다. 나에게 인생의 변곡점을 준 멘토이기에 함께 있는 것만으로도 내 가슴은 말할 수 없는 기쁨으로 가득 찬다. 지금도 이 3명의 멘토와 함께 나란히 있다. 어디에 있느냐고? 수백 명이 모인 강당에 동일한 강연자로 서 있는 장면을 기쁨으로 상상해 본다.

07.
마음을 읽게 하라(장애 있는 아이) : 헬렌 켈러식 독서법

딸 쌍둥이가 태어나고 45일째 되는 날 하온이가 마치 휘파람을 불듯이 입을 앞으로 오므린 표정이 예뻐서 사진을 찍어 사진스토리에 올렸다. 거기에 많은 지인이 댓글을 달았는데, 그중 한 목사님의 댓글이 내 가슴을 적셨다. "할렐루야! 하온이와 시온이가 바라보는 곳에 주님의 섭리가 있게 하시고, 손끝으로 만지는 것마다 복되게 하시며, 하온이와 시온이가 밟는 땅마다 주님이 다스리소서. 아멘!"

손끝하면 한 사람이 떠오른다. 미국의 영향력 있는 여성 중 한 명이자 맹농아 저술가, 사회사업가인 헬렌 켈러가 그 주인공이다. 김정진의 『독서불패』로 그녀의 독서 사랑을 알게 되었다.

"야속하게도 내 혀는 입술에 감도는 쓰디쓴 말을 뱉어 낼 수 없으므로, 그것은 눈물이 되어 다시 마음속으로 흘러드는 것이었습니다. 내 영혼의 머리 위에는 언제나 슬픈 침묵이 도사리고 있습니다." 이렇게 말했던 그녀가 놀라운 고백을 한다.

"희망이 고개를 들어 모든 것을 잊고 최선을 다하면 기쁨을 얻을 수 있다고 소곤거립니다. 그래서 나는 다른 사람이 볼 수 있는 빛을 내 태양으로 삼고, 남의 귀에 들리는 음악을 내가 듣는 것으로 여기고, 남의 입술에 떠오르는 미소를 내 행복으로 삼으려고 노력합니다. 내 인생을 누군가가 대신 살아 주고 있다고 위안하며, 오늘도 나는 빛을 향하여 한 걸음 앞으로 나아가는 것입니다." 또 그녀는 이렇게도 고백한다. "독서가 나를 변화시켰습니다."

설리번 선생님이 손끝으로 전해 오는 그 문자라는 언어는 빛 속으로 한 걸음 내디딜 수 있는 원동력이 되었다. "내가 책에 얼마나 많은 신세를 졌는지는 이루 다 말할 수 없습니다. 기쁨이나 지혜뿐만 아니라, 일반 사람들이 눈이나 귀로 얻는 지식까지도 나는 책에서 얻었습니다. 그만큼 나의 배움에서 책은 보통 사람보다 훨씬 큰 의의를 지니고 있습니다. 내가 처음으로 이야기책을 읽은 것은 1887년 5월이었으며, 그때 나이는 7살이었습니다. 그 후로 오늘에 이르기까지 손가락 끝에 닿는 책은 모조리 읽었습니다. 처음에 나는 몇 권의 점자책밖에는 갖고 있지 않았지만, 그 책들의 점자가 거의 닳아서 읽을 수 없을 지경이 될 때까지 반복해서 읽었습니다. 내 마음에 드는 책을 몇 번이고 계속해서 읽는 재미가 얼마나 좋았는지 모릅니다."

나는 그녀의 손끝 독서를 이렇게 부르고 싶다. 마음에 새기는 심상 독서라고 말이다. 여러분도 그녀의 독서력을 본받기 바란다. 아니 나부터 가슴 깊이 새겨본다. 책을 읽을 때 지식을 쌓기 위한 취미 독서가 아닌 마음으로 그 모든 것을 새기는 심상 독서로 세상의 아름다움을 느껴보자. 헬렌 켈러의 독서는 우리에게 시사하는 바가 크다.

중국의 학자인 주자 또한 책과 마음을 연결하는 것을 강조했다. "책을 읽는 요령은 눈으로 보고(안도 : 眼到) 입으로 소리 내어 읽고(구도 : 口到), 마음으로 얻는 것(심도 : 心到)이다. 이 중에서 제일 중요한 것은 심도다."라고 독서를 하는 세 가지 자세인 '독서삼도(讀書三到)'를 제시했다. 독서에서 진정한 '심도'를 느끼려면 독서 임계점을 넘어야 한다. 사람마다 넘는 시기는 각각 다르지만, 정약용은 5,000권을 제시했다. "폐족일수록 좋은 책을 많이 읽어야 한다. 옷소매가 길어야 춤을 잘 추고 돈이 많아야 장사를 잘하듯 머릿속에 5,000권 이상의 책이 들어 있어야 세상을 제대로 꿰뚫어 보고 지혜롭게 판단할 수 있다. 독서야말로 사람이 하는 일 가운데 가장 깨끗한 일이다."

3년간 1만 권 독서를 한 뒤 3년간 50권이 넘는 책을 출간한 김병완 작가도 5,000권을 넘으면서 독서의 질이 달라졌다고 고백한다. 나는 지난 6년 동안 그 정도로 책을 읽지는 못했지만, 독서의 힘을 그 누구보다 강하게 느끼고 있다. 정약용, 김병완 작가 등에 비해 그 수는 극히 부족함에도 이렇게 책을 쓸 수 있다니 정말 놀라운 일이다. 텍스트 읽기에만 바빴던 내가 이제는 책을 읽으면서 저자와, 나아가 자신과 대화를 하고 있다. 아직 임계점을 넘기에는 한없이 부족한 것을 안다. 하지만 하고 싶은 이야기들이 가슴속에서 강한 울림을 주었기에 이렇게 용기 내어 글을 쓸 수 있는 것이다. 새벽에 일어나 한 글자씩 손끝으로 내 가슴

속 깊이 새기는 중이다. 이제는 헬렌 켈러가 말한 마음의 독서를 조금은 알 듯도 하다.

헬렌 켈러는 진정한 감성 독서, 영감 독서를 했다. 그녀의 고백에서 세상을 향한 큰 사랑을 느껴 보자.

“금방이라도 대지의 모든 사슬을 끊어 버리고 하늘로 오를 것만 같았습니다.”

08.
발견하게 하라(다재다능한 아이) : 신사임당식 독서법

나는 TV를 거의 보지 않는다. 독서에 참맛을 안 뒤로 TV 시청보다는 책을 읽는 것을 더 좋아하기 때문이다. 그런데 꼭 봐야겠다고 생각한 프로그램이 있는데, 바로 SBS 〈영재발굴단〉의 '신사임당'편이다. 신사임당하면 율곡 이이, 자녀교육이 연상되기 때문이다. 처음부터 끝까지 '신사임당편'을 시청한 뒤 부모라면 반드시 봐야 할 프로그램이라고 생각했다. 프로그램에서 소개한 신사임당을 간략히 정리하면 이렇다.

- 남다른 철학으로 7남매를 성공적으로 키워 낸 여인
- 41세에 과거에 급제한 큰아들
- 조선을 대표하는 여류 화가인 첫째 딸
- 조선의 천재학자인 셋째 아들

프로그램에서 정신건강의학전문의 노규식 박사는 "요즘의 어머니로 비교하자면 정말 억척스러운 엄마거든요. 이렇게 억척스러운 엄마가 자칫하면 '헬리콥터 맘', '타이거 맘' 이렇게 되면서 자식을 망치는 경우가 있는데 딱 한 끗의 차이가 있었던 거죠."라고 말했다. 과연 그 한 끗의 차이는 무엇이었을까?

나는 지난 2013년 스승의 날을 맞아 한국교직원공제회에서 진행한 이벤트에 당첨된 적이 있다. 바로 이지성의 『가장 낮은 데서 피는 꽃』의 책을 받고 특강을 들을 수 있는 기회를 얻은 것이다. 이 책은 쓰레기 마을 톤도에서 발견한 희망교육을 이야기한다. 특강도 좋았지만, 그 책에서 나는 신사임당을 처음으로 만날 수 있었다. "신사임당은 일곱 아이의 인성교육을 위해 새벽녘에 읽은 글 중에서 좋은 글귀를 모아 아이들이 항상 보고 마음에 새기면서 행할 수 있도록 집 안 이곳저곳에 붙여 두었다. 그리고 자신도 그 글귀대로 행했다. 시간이 지나서는 아이들에게 글귀를 보았는지, 글의 뜻은 이해했는지 자신에게 알려 달라고 했다. 아이들이 제대로 이해했다는 생각이 들면 또 다른 글귀를 붙여 두고 아이들이 자연스럽게 볼 수 있도록 했다."

나는 이것을 교육에 바로 적용했다. 크게 범주를 교실, 아이들 가정, 나의 가정 세 곳으로 확장시켰다. 교실에서는 3단계로 운영했다. 1단계는 도덕 교과서에 나온 명언 중 마음에 드는 명언을 적어 제출한다. 그 중 몇 개를 선정해 A4용지에 자유롭게 글과 그림으로 꾸민다. 그리고 코팅하여 교실과 복도 곳곳에 붙인다. 2단계는 자신이 읽은 책 속 명언 중 가슴속 깊숙이 다가온 글귀를 하나씩 정하여 같은 방법으로 꾸며 교실 곳곳에 붙인다. 3단계는 자신이 직접 명언을 만들어서 활용한다.

아이들은 아침 시간, 쉬는 시간, 점심시간 등을 활용하여 붙여 놓은 글귀를 읽기 시작했다. 자신들이 작성한 글이니 더욱 관심 있게 보았다. 아이들에게는 자신이 직접 행한 모든 것이 의미가 있기에 나는 최대한 아이들의 의미와 연결되도록 수업을 진행한다. 수업 중 곳곳에 붙여진 명언과 관련이 있는 인물이 나오면 나는 어김없이 명언 쪽으로 가서 다시 한 번 아이들에게 상기시킨다. 우리 반 곳곳은 다음 명언들로 가득 차 있다.

"아모르 파티(라틴어) – 네 운명을 사랑하라."

"위대한 생각을 하는 사람이 위대한 인물이 될 수 있다." – 샤를 드골

"인간은 생각하는 갈대다." – 파스칼

"나무를 베는 데 8시간이 주어진다면, 도끼를 가는 데 6시간을 사용하겠다." – 링컨

"지나침은 모자람만 못하다." – 공자

"허물이 있다면 버리기를 두려워 말라." – 공자

"남의 책을 많이 읽어라. 남이 고생하여 얻은 지식을 아주 쉽게 내 것으로 만들 수 있고, 그것으로 자기 발전을 이룰 수 있다." – 소크라테스

"많은 것을 바꾸고 싶다면, 많은 것을 받아들여라." – 사르트르

"습관이란 인간에게 어떤 일이든지 하게 만든다." – 도스토옙스키

네이버에서 '밀알샘 신사임당 따라잡기'를 검색하면 더 많은 활동과 동기, 방법, 결과, 효과를 모두 한눈에 볼 수 있다. 학부모 교육을 할 때도 효과적으로 사용할 수 있다. 예를 들어 아이 과제를 부모가 너무 많이 도와주는 것에 조언을 하고 싶을 때는 교실에 붙여 놓은 링컨 명언을 예로 든다. "사랑하는 사람에게 할 수 있는 가장 나쁜 일은 바로 그들이 할 수 있고 해야 할 일을 대신해 주는 것이다." 그러고는 심리학자인 비고츠키의 인지발달 이론에 나오는 '근접발달기' 개념을 설명해 주면 대부분의 부모가 고개를 끄덕인다. (근접발달기는 어른의 도움을 받으면서 학급과제를 완수할 수 있는 범위를 말한다. 아이는 편안한 상태에서 지식을 갖춘 성인의 도움을 받으며 학습에 임할 때 가장 높은 성취도를 보인다.)

또 교실에서처럼 가정에서도 신사임당 교육법을 실천하도록 권장한다. 부모가 명언들을 집 안 곳곳에 붙인 것만으로도 아이들과 이야기를 함께 나눌 수 있는 공감대를 형성할 수 있을 것이다. 물론 반드시 실천을 동반해야 한다는 부담감이 있지만 내 아이의 성장을 위해 한번 시도해 보기를 권면한다. 누가 아는가? 제2의 율곡 이이가 나올지 말이다. 내 아이를 믿고 기대해 보자. 반드시 멋진 성장을 할 것이다.

우리 집 곳곳은 긍정의 글귀로 가득 차 있다. 어느 날 집에 오니 아내가 직접 쓴 글귀가 이곳저곳에 붙어 있었다. 저것이 뭐냐고 물으니 육아하면서 자주 무너지는 자신의 모습이 싫어 감명 깊게 읽은 글귀들을 스케치북에 적어 붙여 놓았다고 한다. 당시 아내는 심적으로 힘이 든 상태였는데, 조셉 머피의 『잠재의식의 힘』을 읽고 있었다. 의식을 계속 깨어 있게 하려는 몸부림이었다. 나는 아내에게 신사임당이 자녀들에게 했던 교육 방법을 이야기해 주면서 '당신이 신사임당이다'며 격려했다. 조금이나마 아내에게 위로가 되었으리라고 생각한다. 현재 육아에 힘쓰는 독자들을 위해 우리 집에 있는 글귀 일부를 소개한다.

"나는 건강하고 튼튼하며 강하고 다정하고 조화되어 있고 행복하다. 나는 내 마음의 건축가다.", "낮이나 밤이나 내가 관계하는 모든 분야에서 나는 번영하고 있다. 번영, 성공, 부는 나의 것이다.", "나는 지금 모든 세포와 신경 조직, 근육 등이 건강하고 깨끗하며 완전하다. 나의 전신은 건강하고 조화롭게 회복되고 있다.", "무엇이든 당신의 마음속에 없는 것을 경험할 수는 없다.", "자기 생각과 반응과 감정의 주인은 자기 자신이라는 사실을 알면, 상처받을 이유가 없다."

신사임당이 다른 부모와 달랐던 한 끗의 차이는 바로 이것이다. 아이들한테 '너의 뜻을 찾아라, 너의 길을 찾아라'고 이야기하지 '너는 이렇게 되어야 한다, 너는 이렇게 해야 한다'고 요구하지 않는다는 것이다. 1부에서 이야기한 'Input' 독서가 아닌 'Output' 독서를 강조한 그녀였다. 더 놀라운 것은 신사임당은 13살, 지금의 초등학교 6학년 나이에 스스로 호를 지었다는 점이다. 당시 그녀의 롤모델이었던 태임(중국 역사상 가장 뛰어난 부덕(婦德)을 지닌 여성으로 어질고 엄하며 의롭고 자애로움을 고루 갖춘 훌륭한 어머니로 칭송받음)을 본받겠다는 의미로 호를 '사임당'으로 지은 것이다. 어린 나이에 호를 직접 지었다는 것은 '나는 앞으로 이런 인생을 살겠다'고 이미 뜻을 세웠다는 의미인 것이다. 나이가 어려도 어른 못지않은 깊은 생각과 행동을 할 수 있다는 것을 보여 준 사례다.

아이들 스스로 답을 찾게 하고, 각자의 뜻을 세우게 했던 그녀는 아이들에게도 몸소 자신의 뜻을 실천하는 모습을 보였다. 학문을 시작하는 이들을 위해 편찬한 율곡 이이의 『격몽요결』 첫 구절은 '입지를 세워라'다. 이 구절에서 그의 어머니인 신사임당의 중요한 덕목을 이어받았음을 알 수 있다.

"어머니는 말씀이 적고 행실이 올바르셨으며 글과 글씨도 잘 썼다." 『율곡전서』의 「선비행장」에 나온 그녀의 모습이다. 그녀는 한시도 책을 손에서 놓지 않았다고 하니, 오늘날 부모로서 아이에게 어떤 모습을 보여 주어야 하는지 생각하게 한다. 노규식 박사는 이어서 이렇게 말한다. "자기가 무언가에 몰입하는 모습을 보이고, 열중하는 모습을 보이는 게 자녀에게 상당히 긍정적인 효과를 가져옵니다. 이래서 이것을 모델링, 학습 효과라고 하는 것입니다." 이렇듯 부모는 아이에게 최고의 모델이 되어야 한다.

마지막으로 율곡 이이와 관련된 일화를 소개한다. 이 일화로 아이에게 성적이 아닌 어떤 가치를 심어 주어야 할지 깨닫기 바란다. 서당에서 1등을 했다고 자랑하는 율곡 이이를 신사임당은 크게 꾸짖었다. "너 학문을 배우는 이유가 경쟁에서 이기고 남을 밟아 올라서는 데 있다고 생각하니? 그것이 아니다. 책 속에 있는 공자와 맹자의 말씀을 내가 마음으로 이해하고 백성을 위해서 올바른 길을 가는 것이 학문을 공부하는 목적이 아니더냐."

09.

행하게 하라(논리적인 아이) : 율곡 이이식 독서법

5살 때 어머니의 병환이 깊어지자 외조부 사당에 들어가 식사도 거른 채 밤낮을 기도한 소년이 있다. 심지어 11살 때 아버지의 병이 위급해지자 자신의 팔뚝을 물어뜯어 피를 아버지의 입에 흘려 넣었다. 나로서는 상상도 하지 못할 이 이야기의 주인공은 다름 아닌 율곡 이이다. 이것이 진정한 효성이 아니고 무엇이겠는가. 아이들에게 율곡의 일화를 들려주면 다들 처음에는 믿지 않는다. 어린 시절부터 남달랐던 그의 실천력을 우리도 본받아 보자.

조선 중기 학자인 율곡 이이는 13살 때 처음 과거에 급제한 뒤 29살 때 관직에 나서기까지 무려 아홉 번이나 장원급제를 하여 '구두장원공(九度壯元公)'이라고 칭송된 사람이다. 10만의 병사를 기르고 병사 양성 방법 등을 제시한 '십만양병설'을 주장했으며, '어리석음을 없애는 비결'이라는 의미로 처음 공부를 시작하는 이들이 읽어야 할 『격몽요결』 등을 썼다. 율곡 이이의 사상은 초등학교부터 고등학교까지 여러 교과서에 실릴 정도로 우리나라 교육에서 중요하게 여긴다.

2015년에 4학년 담임을 맡을 때였다. 도덕 교과서에 율곡 이이의 『자경문』이 나왔다. 교과서에서는 16살에 어머니를 여의고 19살에 불교를 연구하려고 금강산으로 들어간 이이가 20살에 일생 동안 이루어야 할 자신의 모습을 정하고 마음을 바로잡기 위해서 『자경문』을 썼다고 소개한다. 20살 때 이것을 썼다니 너무나 놀라웠다. 나는 20살 때 어땠는가? 나름 열심히 살았지만, 나를 돌아보는 반성은 전혀 하지 않고 오히려 공부에서 해방되었다고 기뻐하지 않았던가. 지금 대학생 대부분도 이렇게 생각하고 있을 것이다. 『자경문』의 의미를 깨닫고 인생을 정진해 나간다면 제2의 율곡 이이가 되지 말란 법이 없다. 초등학교 4학년이 율곡 이이와 같은 마음으로 하루하루를 산다면 우리나라의 뿌리는 더욱 굳건해지리라 믿는다. 아이들과 함께 한 목소리로 『자경문』을 읽어 보았다.

1. 목표를 크게 가진다.
2. 말을 적게 한다.
3. 마음을 안정되게 한다.
4. 혼자 있을 때도 몸가짐이나 언행을 조심한다.
5. 옳고 그름을 알기 위하여 독서를 한다.

6. 재물과 명예에 관한 욕심을 경계한다.
7. 해야 할 일에는 정성을 다하고, 하지 말아야 할 일은 단호히 끊는다.
8. 정의롭지 않는 일은 절대 하지 않는다는 마음을 가진다.
9. 누군가 나를 해치려고 한다면 나 자신을 돌이켜 보고 그의 마음을 감동시킨다.
10. 밤에 잘 때나 병이 든 때가 아니면 절대로 눕지 않는다.
11. 공부를 게을리하거나 서두르지 않는다. 공부는 평생 꾸준히 하는 것이다.

"이것을 행하는 자는 정직해질 수 있겠다. 목표를 크게 가질 것이다.", "진심으로 정성을 다하는 삶을 살아야겠다.", "독서를 매일 30분 이상하고, 꿈을 위해 4시간 이상씩 공부할 것이다." 등 아이들은 저마다 자신의 느낀 점과 이를 보고 실천할 것을 한 가지씩 적어서 발표했다.

아이들마다 느낀 점과 목표는 모두 달랐다. 같은 것을 읽고도 각자 삶의 범위 내에서 할 수 있는 것들을 정한 셈이다. 나는 모두에게 이렇게 말했다. "율곡 이이의 『자경문』을 하루에 한 번씩 읽는다면 누구나 율곡 이이가 될 수 있다." 그리고 이어서 이렇게 말했다. "그것을 실천한다면 말이다."

그렇다. 무엇보다 실천이 중요하다. 나는 위인이 되는 가장 중요한 한 끗 차이는 바로 이 실천력이라고 생각한다. 모든 위인은 실천가였다.

나는 특히 "혼자 있을 때도 몸가짐이나 언행을 조심한다."라는 글귀가 강력히 다가왔다. '양심!' 나는 아이들에게 양심적인 사람이 되라고 강조한다. 그것만 잘 지켜도 제2의 율곡 이이, 세종대왕, 정약용 등 누구나 위인이 될 자격이 주어진다고 믿기 때문이다. 소크라테스도 자신의 양심이 믿는 바를 따를 것을 강조한다. 또 양심에 따라 신이 주신 길을 걸어가는 것이 진짜 교육이라고 이야기한다.

논리적인 아이에게 율곡 이이 같은 실천적인 양심이 덧붙여질 때 어떤 모습으로 바뀔지 기대가 된다. 간혹 수업 시간에 아이들에게 과제를 내주고 교실을 비울 때가 있다. 일을 처리하고 나서 돌아오면 복도 끝까지 왁자지껄한 소리가 들린다. 문을 열고 들어가면 아이들은 일동 정지 상태가 된다. 한편으로는 재미있기도 하지만, 한편으로는 아쉽기도 하다. 이때마다 나는 양심을 가르친다. 교사가 없어도 자신의 맡은 바를 묵묵히 실행하는 사람이 되라고 말이다. 양심은 누가 볼 때만 지키는 것이 아니라 나를 속이는 자가 되지 않는 것이다. 남을 속이기는 쉬워도 나 자신을 속이기는 어렵다는 것을 우리는 잘 안다.

'홍익학당' 대표인 양심철학자 윤홍식은 '역량에 맞는 양심실천'이라는 인문학 강의에서 이렇게 말한다. "양심은 내가 지금 못하는 것에 대해서, 지금 내가 곧장 온 인류를 못 구하는 것에 대해서 찜찜하기는 하지만, 그렇게 찜찜해 하지는 않습니다. 그것은 내가 못 하는 일이니까요. 그런데 내가 할 수 있는데 안 하는 것에 대해서는 아주 찜찜해 합니다. 즉, 양심이 여러분의 역량을 이미 다 알고, 여러분의 성향을 다 알고 그 부분에 대해서 특히 찜찜하다고 울림을 줘요. 그걸 예민하게 들어 보면 내가 모르는 나의 어떤 모습까지도 양심이 알고 거기에 대해 답을 주고 있다는 것도 나중에는 아실 수 있습니다."

양심은 바로 내 안에 이미 존재한다. 공자 또한 "인(仁)이 멀리 있는가? 내가 인을 실천하고자 하면, 곧 인은 다가온다."라고 하지 않았던가. 학기초면 콜버그의 도덕성 6단계를 제시해 주고, 우리 반은 어떤 반이 되면 좋을지 이야기한다. 각 단계를 살펴보면 다음과 같다.

- 1단계. 벌과 복종의 지향
- 2단계. 개인적 보상 지향
- 3단계. 대인 관계 조화 지향
- 4단계. 법과 질서 지향
- 5단계. 사회 계약 정신 지향
- 6단계. 보편적 도덕 원리 지향

이 6단계를 교실 속으로 가져오면 이렇게 풀이할 수 있다(이지쌤 참고).

- 1단계. 선생님께 혼나지 말아야지.
- 2단계. 잘하면 상품을 주시겠지?
- 3단계. 선생님과 친구들이 좋아할 거야.
- 4단계. 규칙은 반드시 지켜야 해.
- 5단계. 친구에게 피해 주지 말아야지.
- 6단계. 양심에 따라 행동할 거야.

최소한 학급을 운영할 수 있으려면 4단계 이상은 되어야 한다고 생각한다. 그중 나는 최고 단계인 6단계 '양심학급'을 지향한다. 목표는 크게 가질수록 좋다고 했으니 아이들에게 양심의 씨앗이 심어지면 언젠가 꽃을 피울 수 있지 않을까?

"혼자 있을 때도 몸가짐이나 언행을 조심한다."라고 한 율곡 이이의 『자경문』을 다시 들여다보자. 그리고 그의 말을 다시 되새겨 보자. 그러면 더욱 양심의 꽃을 피울 수 있을 것이다.

10.
쓰게 하라(자유로운 아이)
: 정약용식 독서법

자유로운 아이들을 보면 참으로 해맑다. 여기서 말하는 자유로운 아이란 말과 행동 등 거침없이 표현하는 아이를 의미한다. 이런 아이들을 부정적으로 보지 말고 긍정적인 시각으로 바라보자. 이런 아이는 수업에서 매우 중요한 역할을 하는 아이이기 때문이다.

'자유로운 아이'는 호기심이 많고 다양한 것에 관심을 보이기에 기발한 아이디어가 많다. 그러나 그것을 기록하지 않으면 금방 흩어진다. 내 경험상 이런 성향의 아이들은 표현하는 것을 좋아해서 다양한 아이디어를 많이 제시하나 정리가 잘 되지 않아 금방 잊어버리는 경향이 많았다. 독서를 할 때도 이런 성향이 드러나는데 금방 읽고, 금방 느끼고, 금방 잊는다. 물론 다 그렇지는 않지만 그러한 성향이 많음을 부인할 수 없다. 정약용은 이런 아이들을 위해 삼근계(三勤戒)라는 가르침을 주었다. "부지런하고 부지런하고 부지런하라."

내가 느낀 부지런함의 세 가지는 생각을 부지런히 하고, 손을 부지런히 움직이며, 발로 부지런히 뛰어다니는 것이다. 우둔한 제자였던 황상은 이 가르침을 가슴에 새기고 실천하여 훗날 당대 선비들이 극찬하는 시인이 되었다고 한다. 정약용은 아들에게 보내는 편지에서 이렇게 이야기한다.

"내가 최근 몇 년 이래 독서에 대해 자못 깨달은 점이 있다. 한갓 읽기만 해서는 비록 날마다 백 번, 천 번을 읽는다 해도 읽지 않은 것과 마찬가지다. 무릇 독서란 매번 한 글자를 읽을 때마다 뜻이 분명치 않은 부분이 있게 되면 널리 살펴보고 자세히 궁구하여 그 근원이 되는 뿌리를 얻어야 한다. 그래야만 차례대로 글을 이룰 수 있게 된다. 날마다, 언제나 이렇게 한다면 한 종류의 책을 읽더라도 곁으로 백 종류의 책을 아울러 살피게 될 뿐 아니라 그 책의 내용도 훤하게 꿰뚫을 수 있게 될 터이니, 이 점을 알아 두지 않으면 안 된다."

책을 읽고 저자의 핵심을 파악하는 것은 그 무엇보다 중요하다. 한 권의 책을 읽고 한 줄 느낌을 적는 것도 같은 이유다. 책을 읽고 핵심을 파악했는지 자문하는 것이다. 그래서 늘 질문을 하며 읽어야 한다. '이 글에서 말하는 핵심은 무엇인가? 나에게 어떻게 적용할 수 있을까?'

권영식의 『다산의 독서 전략』에는 다산의 삼박자 독서법이 소개되어 있다. '정독(精讀)'과 '질서(疾書)', '초서(抄書)'가 바로 그것이다. 첫 번째 정독은 글을 아주 꼼꼼하고 세세하게 읽는 것이다. 두 번째 질서는 책을 읽을 때 깨달은 것이 있으면 잊지 않기 위해서 빨리 메모하는 것이다. 세 번째 초서는 책을 읽다가 중요한 구절이 나오면 이를 베껴 쓰는 것이다.

다산의 삼박자 독서법을 보고 이런 의문을 품을지도 모른다. '뭐야! 지금 우리도 하는 거잖아!' 맞다. 우리가 늘 하고 있는 것 중 하나를 정약용 또한 강조한 것이다. 그런데 조건이 하나 있다. 앞에서 말한 뿌리를 반드시 찾아야 한다는 것이다. 정약용은 그 뿌리를 더욱 견고하게 다지는 삼박자 독서법을 하고 있었다.

"독서할 때는 어떻게 해야 하느냐? 한 번 쭉 읽고 버려둔다면 나중에 다시 필요한 부분을 찾을 때 곤란하지 않겠느냐? 그러니 모름지기 책을 읽을 때는 중요한 일이 있거든 가려서 뽑아 따로 정리해 두는 습관을 길러야 할 것이다. 이것을 초서라고 하는 것이다. 허나 책에서 나한테 필요한 내용을 뽑아내는 일이 처음부터 쉬운 일은 아닐 것이다. 먼저 마음속에 무엇이 중요하고 무엇이 필요한 내용인지 일정한 기준이 있어야 하지 않겠느냐? 곧 나의 학문에 뚜렷한 주관이 있어야 하는 것이란다. 그래야 마음속의 기준에 따라 책에서 얻을 것과 버릴 것을 정하는데 곤란을 겪지 않을 것이야. 이런 학문의 중요한 방법에 대해서는 앞서 누누이 말했는데 너희가 필시 잊어버린 게로구나. 책 한 권을 얻었다면 네 학문에 보탬이 되는 것만을 뽑아서 모아 둘 것이며 그렇지 않는 것은 하나 같이 눈에 두지 말아야 한단다. 이렇게 하면 100권의 책도 열흘간의 공부에 지나지 않을 뿐이다."

아들 학유에게 보낸 편지에서 초서의 방법을 이렇게 자세히 소개한다. 나는 이 중 '초서'에 집중하며 아이들과 함께 하루를 보낸다. "여러분! 독서록을 너무 어렵게 생각하지 마세요. 기존에 했던 방식인 한 권을 끝까지 읽은 뒤 줄거리를 요약하고, 느낀 점을 쓰는 것이 아닌 책을 읽다가 감동을 받거나 기억하고 싶은 글귀가 있으면 그대로 베끼세요. 단순히 베끼는 것부터 시작하면 언젠가 자신의 생각이 덧붙여져서 하나의 글로 재탄생됩니다. 일단 베끼세요. 부지런히, 부지런히, 부지런히"

나는 지난 2013년 파주독서마라톤에 참여했다. One Book - One Page 형식으로 한 권의 책을 읽은 뒤 한 쪽짜리 독후감을 쓰는 것이다. 나는 책을 읽고 감명을 받은 부분을 발췌하여 고스란히 베껴 쓰기 시작했다. 그 당시 함께 독서마라톤에 참여했던 아내는 나에게 핀잔을 주기도 했다. "여보, 베껴 쓰는 것이 무슨 독후감이에요. 나처럼 느낀 점을 적는 것이 독후감이지." 나는 이렇게 답변을 했었다. "그런데 나는 이렇게 베껴 써야 기억에도 오래 남고 다시 읽었을 때 정리도 잘되는 것 같아요." 지금 아내는 공책에 베껴 쓰기를 한다. 나는 알게 모르게 정약용이 강조한 초서를 하고 있었던 것이다.

지금도 열심히 베껴 쓰기를 하고 있다. 때로는 손으로, 때로는 컴퓨터를 활용하여 초서를 한다. 책을 읽고 정리한 뒤 주요 글귀를 키워드별로 복사해서 붙이는 방법으로도 정리한다. 수많은 책의 서로 다른 생각이 하나의 주제로 모아지니 정약용이 말한 '100권'도 열흘 만에 가능하게 된 셈이다. 그 생각들을 나열하면 새로운 주제의 책이 되는 것이다.

초서는 뿌리를 파악하는 데 도움이 된다. 2016년 밀알반 12기 친구들은 아침마다 『논어』를 읽을 때 '한 소절 노트'를 펼쳐 놓았다. 이는

중요한 구절을 바로 베껴 쓰라는 '초서'의 중요성을 이야기한 뒤 시행한 것이다. 대부분의 아이가 줄 공책을 가득 채워 나갔다. 그중 한 아이가 눈에 띄었다. 박미선이라는 조용한 아이였다. 미선이는 비록 조용하지만, 맡은 바를 착실히 해내고, 무엇보다 표현하지는 않았지만 노트를 보면 얼마나 생각이 깊은 아이인지 알 수 있었다. 미선이의 노트는 연필, 형광펜, 볼펜 등으로 다양하게 표시를 해 놓았다. 노트에서 '중요!! 모두 중요!!!'라고 쓴 페이지를 유심히 살펴보다 무엇을 그리 중요하다고 했을까 궁금했다. 자세히 보니 「15. 위령공」편이었다.

"사람이 멀리 내다보며 깊이 생각하지 않으면, 반드시 가까운 근심이 있게 된다.", "자신에 대해서는 스스로 엄중하게 책임을 추궁하고 다른 사람에 대해서는 가볍게 책임을 추궁하면 원망을 멀리할 수 있다.", "군자는 자신의 무능함을 근심하지, 남이 자기를 알아주지 않음을 근심하지 않는다."

작가가 꿈인 미선이의 '한 소절 노트'가 먼 미래에 어떻게 활용이 될지 그려지는 순간이다. 빼곡히 한 글자씩 정성스럽게 적은 저 손에서 수많은 사람에게 영향력을 미치는 책이 만들어질 것이 분명하기에 오늘도 나는 아이들과 함께 책 속 명문장을 열심히 베끼고 있다. 정약용은 그런 우리들에게 이렇게 이야기한다.

"부지런히 쓰면 이루어진다."

인문독서
톡! Talk?

독서력의 확장판! 감사일기와 독서일기

나는 새벽에 일어나면 먼저 감사 기도를 드리고, 미라클 모닝 필사를 한 뒤 어제 있었던 수많은 일을 키워드 형식으로 적어 내려간다. 하루에도 많은 것을 이루고 생각하면서 지내 온 나이기에 이렇게라도 기록하지 않으면 내가 행했던 의미 있는 하루가 점점 잊혀져간다. "순간을 소중히 여기다 보면 긴 세월은 저절로 흘러간다."라는 영국의 소설가 마리아 에지워스가 한 말처럼 나도 나의 순간을 사랑하기에 더욱 기록할 수밖에 없었다. 그리고 블로그에도 감사일기를 올리기 시작했다. 처음에는 간단하게 적던 것을 지금은 신앙(신), 육아(육), 독서(지), 나눔(덕), 건강(체)이라는 5개의 키워드로 나눠서 작성한다.

처음에는 '지.덕.체 감사일기'를 실천했다. 내 인생을 바꿔 준 독서에 대한 기록이 가장 우선이었던 것이다. 하지만 딸 쌍둥이 육아를 우선으로 생각하면서 아이들의 성장일기를 함께 작성할 때는 '육.지.덕.체 감사일기'로, 신앙의 깨달음을 얻은 뒤로는 '신.육.지.덕.체 감사일기'로 나의 하루를 정리하기 시작한 것이다. 이 중 내 생각의 근육을 살찌우는 독서일기에 집중하고 있다. 감명 깊은 구절을 필사하고는 언제든지 다시 볼 수 있도록 블로그에 올린다. 다른 사람들은 스마트폰으로 게임에 열중할 때 나는 책 속의 명문장을 사진으로 찍기 바빴다. 그리고 그것을 에버노트에 저장하여 계속 반복해서 읽음으로써 내 생각들을 하나씩 정리했다. 누가 시켜서 한 것이 아니었기에 더 즐거웠다.

처음에는 무작정 읽기만 했다. 그랬더니 몇 달이 지나도 남는 것이 없었다. 그러다 파주독서마라톤에 참여하면서 한 권의 책을 읽고 한 페이지씩 필사를 하면서 기록의 소중함을 깨달았다. 기록으로 남기니 생각이 더욱 정리되는 기분이었다.

지금은 독서일기를 작성할 때 손으로 직접 쓰기보다는 에버노트에 분류해 놓은 키워드에 맞춰 책 속 명문장의 사진을 찍어 넣고는 내용을 쓴다. 이렇게 모은 자료가 어느덧 1만 개가 넘었다. 이것은 내 삶의 중요한 역사가 되었다. 나는 언제 어디서든 이 자료들을 쉽게 꺼내 볼 수 있다.

밀알반 12기 문하윤은 흉부 소아과 의사가 꿈인 아이이다. 이 아이의 인생은 책으로 더욱 영글고 있다. 자신이 쓴 노트가 책으로 엮어지는 것을 꿈꾸는 아이이다. 나는 그 아이의 소원을 작게나마 이 책을 빌려서 이루어 주고 싶다. 하윤이가 독서에 대한 영감을 쓴 일기를 몇 개 소개한다. 여러분도 언젠가 이 아이처럼 감사의 눈물을 흘리는 순간이 올 것이다.

2016년 4월 11일

"생명은 자기 부모로부터 물려받은 것이지만 그 생명을 보람되고 온전하게 키우는 법을 가르치는 것은 다름 아닌 스승의 몫이다." – 유동범

1. 우리를 온전하게 키우는 법을 가르치시는 김진수 선생님이 계셔서 감사합니다.
2. 선생님들께 온전하게 키워지는 법을 배움에 감사합니다.
3. 온전하게 키워지고 있어서 감사합니다.
4. 나도 어른이 되면 아이들에게 온전하게 키워지는 법을 가르칠 수 있어 감사합니다.

2016년 4월 12일

"교육은 그대의 머릿속에 씨앗을 심어 주는 것이 아니라, 그대의 씨앗들이 자라나게 해 준다." – 칼릴 지브란

1. 마음에 와 닿는 좋은 구절이 있습니다. 이렇게 와 닿는 구절을 읽고, 쓰고, 느낄 수 있어 감사합니다.
2. 요새는 심어 놨던 씨앗이 교육의 물과 독서의 햇빛, 사랑의 보살핌 속에서 조금씩 자라남을 느낍니다. 이에 대해 자라날 수 있어 감사합니다. 오늘 선생님께서 어떤 방송을 보여 주셨습니다. 내용은 잘 기억나지 않지만 이 생각만은 확실하게 들었습니다. '실천 행동 그리고 마음이 움직이는 걸 찾지 말고 만들자'라는 생각! 그

생각 때문에 운 것 같습니다.

3. 명언이나 이런 방송을 통해 내가 변해가고 있음과 하루하루가 두근거리는 이 느낌을 받을 수 있어 감사합니다. 『부자들은 왜 장지갑을 쓸까』라는 책을 읽었습니다. 독서 덕분에 돈도 벌게 되었다는 내용도 있었습니다. 독서는 역시 대단합니다.

4. 무슨 책을 보아도 독서란 말이 나왔습니다. 역시 독서는 최고입니다. 앞에서 말한 바와 같이 독서의 햇빛으로 충분한 독서 광합성을 받고 있습니다. 하지만 햇빛만 너무 받으면 식물이 시들어 버리니 교육의 물과 사랑의 보살핌도 충분히 받아 거창한 나무가 될 것입니다. 거창한 나무를 꿈꿀 수 있어 감사합니다. 저는 요새 자주 상상에 잠겨 있습니다. 제가 쓴 모든 공책과 노트가 레오나르도 다빈치의 수첩처럼 굉장히 귀해지는 상상을 하며 제가 쓰는 모든 것에 정성을 담고 있습니다. 『부자들은 왜 장지갑을 쓸까』, 『48분 기적의 독서법』, 『10대, 네 안의 잠든 거인을 깨워라』에서는 상상의 힘이 위대하다고 말합니다. 그래서 나는 더 큰 상상, 더 큰 꿈을 꾸려고 합니다.

5. 불가능할 것 같은 꿈을 상상하여 이루는 상상을 하는 것이 감사합니다(참고로 저는 이 감사일기가 책으로 나왔으면 하는 상상도 있습니다). 요새는 학교에서 〈죽은 시인의 사회〉를 볼 때나 오늘 같은 날에 본 방송 때문에 눈물을 흘리는데 그 눈물은 평소에 싸우거나 다쳤을 때, 별거 아닌 일로 속상해서 울었을 때의 눈물보다 더 마음이 저리고 감동이 있었습니다. 그리고 저는 느꼈습니다. 울어도 괜찮다

고. 단, '의미 있는 눈물을 흘리며 울어라'고……. 의미 있는 눈물을 흘릴 수 있어 감사합니다. (생략)

2016년 4월 13일

"아이들이 답이 있는 질문을 하기 시작하면 그들이 성장하고 있음을 알 수 있다." – 존 J. 플럼프

1. 우리 선생님은 좋은 질문에, 그에 대한 보상이 주어집니다. 좋은 질문을 많이 해야겠다는 생각과 제 자신을 키우기 위해 좋은 질문을 해야겠다고 생각했습니다. 좋은 질문을 할 수 있어 감사합니다.
2. 저는 질문을 그다지 하지 않았는데, 요즘 들어 계속 질문하고 질문을 하는 것에 대한 두려움이 사라졌습니다. 이에 대해 제가 성장함을 느낄 수 있어 감사합니다. 오늘은 국회의원 선거일! 기표소에도 가 보고 개표 현황도 보며 저의 버킷리스트에 대해 다시 생각하고 추가했습니다.

〈문하윤의 버킷리스트〉

- 흉부외과전문의가 되어 이름을 날리겠다.
- 세계 곳곳을 돌아다니며 이태석 신부처럼 아픈 이들을 도와주겠다.
- 55세쯤 의사를 퇴직하고 정치가가 되겠다.
- 65세쯤 작가로서 크게 활동할 것이다.

이 중 세 번째는 오늘 추가한 버킷리스트입니다.

3. 버킷리스트를 쓸 수 있어서 감사합니다.
4. 저는 부모님께서 정치에 대해 이야기하는 모습을 보고 자랐습니다. 그 덕에 정치가가 되겠다는 버킷리스트를 쓴 것 같습니다. 저에게 정치가를 꿈꾸게 해 준 부모님께 감사합니다.

펜을 들고 한 줄이라도 감사일기, 독서일기를 적어 보아라. 감사력은 그 한 줄에서 시작될 것이다. 애나 김은 『쓰면 이루어지는 감사일기의 힘』에서 한 가지의 비장함을 이야기한다. "이 책을 쓰면서 나름대로 비장하게 단 한 가지만 생각했다. 진심을 담은 글이니만큼 누구든 이 책을 읽고 난 뒤 단 한 줄의 감사일기라도 쓰게 되기를 바랐다. 내가 누리는 이 편안한 행복을 좀 더 많은 이들과 나누고 싶었다. 이루지 못해서 좌절할 수도, 이루지 못해서 설렐 수도 있는 것이 꿈이다. 마찬가지로 가지고 있지만 불평할 수도, 가지고 있어서 감사할 수도 있는 것이 인생이다. 결국 감사라는 감정은 '주어지는 것'이 아니라 '찾고 선택하는 것'이라는 믿음으로 훈련과 연습을 통해 만들 수 있는 능력이다."

이제 당신의 감사를 만들어 갈 차례다. 감사버스에 탄 당신을 응원한다.

| 5부 |

독서 경영 : 교사를 위한 인문독서 멘토링

01.

독서 경영은 학급을 춤추게 한다

32살에 독서를 만나지 못했다면 나는 지금쯤 어떤 학급을 운영하고 있을까? 지금도 100% 완성된 학급이라고 할 수는 없지만, 부끄럽지 않은 학급을 운영한다고 스스로 칭찬해 본다.

독서를 하기 전에는 아침에 학교에 와서 하는 일이 초등 커뮤니티에 접속하여 '오늘은 무엇을 해야 하나?'라며 고민하는 것이었다. 그런데 독서를 한 뒤로는 '아이들이 삶의 지혜를 어떤 방법으로 접근하도록 할 수 있을까? 나아가 평생을 성장의 발걸음으로 어떻게 하면 인도할 수 있을까?'를 고민했다. 세상의 변화를 이끈 사람들이 각자 주장하는 바가 다르기는 하지만 독서가 공통분모라는 것을 안 뒤로는 독서를 통해 스스로 살아가는 힘을 길러 주는 것이 교육임을 깨닫게 되었다.

내가 아이들과 만나는 시간은 고작 1년이지만, 독서는 누구를 만나든 꾸준한 성장을 할 수 있는 힘을 길러 준다. '여러 선생님의 철학'+'독서에서 발견한 철학'으로 자신만의 인생관이 생겨 꿈과 비전을 갖고 세상에 빛과 소금의 역할을 충분히 감당할 수 있을 것이다.

박상배의 『본깨적』에는 전남 함평의 나산중·고등학교가 나온다. 이 학교는 가난한 농촌의 청소년들에게 교육받을 수 있는 기회를 주려고 만들었는데, 학생과 교사 모두 심각한 어려움에 봉착했으나 이를 독서로 극복했다고 한다. 독서 경영으로 처음에는 선생님이 달라지고, 선생님이 달라지자 수업, 학급 운영이 달라졌다. 그리고 학생이 달라졌고, 달라진 학생이 학부모에게도 영향을 미쳤다고 한다. 책으로 변화의 선순환을 경험한 것이다.

나도 가만히 있을 수 없었다. 먼저 나부터 인문고전을 비롯한 자기계발, 위인전, 성공서 등을 통해 나를 더욱 발견하고, 나를 더욱 만나며, 나를 더욱 성장시켰다. 삶의 뿌리가 더욱 견고해짐을 느꼈고, 이것이 토대가 되어 지금은 학급을 더욱 춤추게 만드는 경험을 하고 있다.

이 5부에서는 다섯 가지 긍정, 회복, 성찰, 필사, 나눔 훈련에 대한 나름의 노하우를 기술한다. 쉽게 접근할 수 있고, 다양한 변화를 이끌어낼 수 있는 것들로 엄선했다. 그리고 유기적으로 결합된 48가지 프로젝트로 우리 반을 춤추는 교실로 만든 책들도 소개한다. 같은 책을 읽더라도 느끼는 바가 다를 수 있기에 참고삼아 읽으면 좋을 것이다.

자! 그럼 어떻게 우리 반이 춤을 추고 있는지 세세하게 살펴보자.

02.
긍정 훈련
: 긍정하고, 긍정하고, 또 긍정하게 하라

■ 하나. '드림보드' 만들기

밀알반 13기 아이들이 아침부터 분주하다. 지난 시간에 부족해서 만들지 못한 '드림보드'를 열심히 만들고 있다.

"조앤 롤링이 롤모델이구나. 나중에 커서 어떤 사람이 되고 싶니?"

"조앤 롤링처럼 글로 누군가에게 영향을 주는 사람이 되고 싶어요."

"그런 사람이 되기 위해 요즘 어떤 노력을 하고 있니?"

"열심히 책을 읽고 그 느낌을 글로 적고 있습니다."

"너는 조앤 롤링 이상의 선한 영향력을 미치는 작가가 될 거야."

"감사합니다."

지난 미술 시간에 아이들에게 '드림보드'를 제작하는 방법을 알려 주었다. 나는 2015년부터 1학기 주요 활동을 이것으로 정해 놓았는데, 아이들에게 세 가지를 확고하게 심어 주기 위해서다. 첫째는 꿈, 둘째는 롤모델, 셋째는 독서다.

위인전, 성공서로 알게 된 공통점이 있다면 성공한 사람이나 위인은 모두 이 세 가지를 매일 만났다는 것이다. 꿈이 없는데 성공한 사람은 단 한 명도 없었다. 위화의 『형제』 중에 이런 말이 나온다. "꿈은 모든 사람의 삶에 꼭 필요한 재산이며 최후의 희망이다. 설사 가진 것이 아무것도 없더라도 꿈이 있다면 어떤 일이라도 다시 시작할 수 있다."

꿈은 절대로 멀리해서는 안 되는 존재 중 하나임이 틀림없다. 롤모델도 중요하다. 링컨의 롤모델은 워싱턴, 김대중 대통령의 롤모델은 넬슨 만델라, 노무현 대통령과 데일 카네기의 롤모델은 링컨이었다. 이외에도 수많은 위인 뒤에는 그들의 선한 에너지를 이끄는 롤모델이 반드시 존재했었다. 그리고 앞에서도 말했듯이 모든 독서가가 리더는 아니지만 모든 리더는 독서가였다는 사실을 잊지 말자. 나는 아이들에게 다른 것은 다 잊어도 이 세 가지만큼은 꼭 발견하라고 매일 주문한다.

'드림보드'를 제작하고 활용하는 방법은 2부 '07. 한 손에는 드림보드를! 다른 한 손에는 비전선언문을!' 참고한다.

■ 둘. 벤 카슨의 자기 암시

5학년 국어 6단원 '말의 영향'에서는 벤 카슨의 이야기가 나온다. 빈민가의 불량소년이자 학교 꼴지, 놀림과 따돌림을 받던 흑인 소년을 오늘날의 벤 카슨으로 변화시킨 것은 바로 그의 어머니가 한 "벤, 넌 할 수 있어. 노력만 하면 무엇이든 할 수 있어!"라는 말이었다.

말속에는 무한한 창조력과 힘이 들어 있다. 사람은 말의 열매를 먹고 산다. 말속에는 크고 놀라운 비밀이 숨겨져 있다. 나는 이것에 착안하여 자신이 듣고 싶은 말을 꾸며서 매일 들려주는 활동을 전개했다.

1. 벤 카슨의 이야기 나누기
2. 자기 암시의 중요성 이야기 나누기
3. A4용지에 자신이 듣고 싶은 말 꾸미기
4. 사진을 찍고 컬러 프린트한 뒤 코팅하기
5. 학급 및 가정에 게시하기
6. 매일 10회씩 큰 목소리로 낭독하기
7. 실천 체크리스트를 만들어 습관 기르기

스티븐 잡스 또한 매일 거울을 보며 자신에게 이렇게 이야기를 했다고 고백한다. "오늘이 내 생애 마지막 날이라면, 오늘 내가 하려고 하는 것을 나는 하고 있을까?" 이 질문과 성찰이 그를 그답게 만든 것이다. 그래서 자기 암시는 무척 중요하다.

■ 셋. 밀알드림카드

3부 '02. 하루 10분 『논어』로 시작하게 하라'에서 이야기했듯이 명언을 통한 내면 강화 훈련은 마음에 씨앗을 심고 거름을 주는 효과를 가져온다. 집이나 학교에서 실천해 보면 그 효과를 알 수 있을 것이다.

■ 넷. 버츄 프로젝트

『그 아이만의 단 한 사람』의 저자 권영애 선생님을 통해 버츄카드를 알게 되었다. 총 52가지의 미덕을 우리가 실천할 수 있도록 개념과 행동 지침이 아주 잘 드러나 있다. 매일 아침 '오늘의 미덕이'가 카드 한 장을 뽑고, 이에 대한 이야기와 필사를 한 뒤 미덕을 잘 지키는 친구를 공개 칭찬하는 것이다. 공개 칭찬으로 에머슨이 말한 성공의 제1원칙인 자기 신뢰를 할 수 있고, 스펜서 존슨이 이야기한 다른 사람을 도울 때 더 큰 즐거움과 기쁨을 알게 되는 1석 2조의 효과를 얻을 수 있다.

■ 다섯. 벤자민 프랭클린 따라잡기

조신영의 『성공하는 한국인의 7가지 습관』에서는 벤자민 프랭클린의 삶을 소개한다. 나는 그의 삶에 큰 감동을 받았다. 그가 한 말은 이렇다.

“나는 50년 이상을 수첩에 13가지 덕목을 실천했는가, 그렇지 못했는가를 항상 기록하며 꼼꼼히 체크했다. 특히 일주일 단위로 이 중 1가지 덕목을 집중적으로 실천하려고 노력했다. 예를 들어 이번 한 주는 ‘절제’, 다음 한 주는 ‘침묵’ 이런 식으로 말이다. 내가 행복한 인생을 걸어올 수 있었던 것은 모두 이 수첩 덕분이었다. 후손들에게도 이 방법을 꼭 알려 주고 싶다.”

함께 나누고 싶은 그의 말이 하나 더 있다. “나는 어떤 사람에 대해서도 나쁜 점을 이야기하지 않는다. 사람들의 좋은 점에 대해서만 이야기한다.” 그가 말하는 13가지 덕목은 다음과 같다.

1. 절제 : 배부르도록 먹지 마라. 취하도록 마시지 마라.
2. 침묵 : 자타에 이익을 주는 말만을 하고, 하찮은 대화는 피하라.
3. 질서 : 모든 물건은 제자리에 두라. 일은 모두 때를 정해서 하라.
4. 결단 : 해야 할 일은 결심하며, 게을리하지 말고 실행하라.
5. 절약 : 자타에 이익을 주는 일에 돈을 사용하되, 낭비하지 마라.
6. 근면 : 시간을 낭비하지 마라. 유익한 일에 종사하고 무용한 행위는 끊어 버려라.

7. 진실 : 사람을 속여 해치지 마라. 모든 언행은 공정하게 하라.

8. 정의 : 남에게 해를 주지 않으며 해로운 일을 해서도 안 된다.

9. 중용 : 극단을 피하라. 내게 죄가 있다고 생각하거든 남의 비난과 불법을 참으라.

10. 청결 : 신체, 의복, 주택에 불결한 흔적을 남기지 마라.

11. 침착 : 사소한 일, 보통 있는 일, 피할 수 없는 일에 침착함을 잃지 마라.

12. 순결 : 건강과 자손을 위해서만 성교를 하라. 아둔해지거나 허약해지거나 자타의 평화나 평판을 해치지 마라.

13. 겸손 : 예수와 소크라테스를 본받으라.

교실에는 이렇게 적용했다.

1. 13가지 덕목을 A4용지에 한 덕목씩 꾸며 코팅한다.

2. 그중 하나의 덕목을 일주일 동안 지킬 주요 덕목으로 정해 칠판 위에 부착한다.

3. 수첩에 날짜를 적고 하루에 최소 2개씩 해당 덕목의 실천한 것들을 기록한다.

4. 학급의 공동 목표 개수를 정해 매주 월요일 우리 반 총 덕목 실천 개수를 더한다.

5. 목표가 달성되면 학급 공동 보상을 운영해 더욱 활기 있는 인성 학급으로 만든다.

물론 매일 지키는 것이 쉽지는 않지만, 의식적으로 지키려고 하다 보면 어느 순간 내재화되어 점차 인성의 물로 내 몸을 적시는 변화된 나를 만날 것이다. 초등학교 때부터 이런 식으로 긍정 훈련을 한다면 앞으로의 미래가 기대된다.

이외에도 보물지도 만들기, 비전선언문, 미래일기, 버킷리스트 등 다양하다. 인터넷에서 검색하면 제작하는 방법 등 노하우를 얻을 수 있는데, 교실과 가정 안에서 적용할 수 있는 것이 많다. 그래서 이 책에서는 남들이 하지 않을 것 같은 활동 위주로 정리하여 소개한다. 이런 일련의 활동으로 우리 아이들은 다음 네 가지 효과를 얻을 수 있었다.

첫째, 자신감

둘째, 자아 효능감

셋째, 분명한 목표

넷째, 긍정적인 사고

아이들에게 적용하기 전에 먼저 자신에게 적용해 보자. 가슴이 두근대는가. 그렇다면 그것이 변화의 시작일 수도 있다. 인생의 변곡점은 그렇게 긍정 훈련을 함으로써 서서히 일어나는 것이다.

공자는 이렇게 이야기한다. "다름 아닌 자신에게 전력을 다하고 충실하라. 자기를 내버려 두고 남의 일에 정신이 팔려 있는 사람은 자신의 갈 길을 잃어버린 사람이다." 자신에게 긍정의 먹이를 줌으로써 갈고 닦을 수 있기를 바란다. 그것이 내 아이를 변화시키는 가장 좋은 방법이다.

03.

회복 훈련
: 실천하고, 실천하고, 또 실천하게 하라

시작이 반이라는 말이 있다. 그래서 아이들이 아침을 행복감으로 맞이하는 것은 정말 중요하다. 요즘 '회복적 생활교육'이 화두가 되면서 이곳저곳에서 '아침맞이' 캠페인을 진행 중이다. 여기 두 가지 상황이 있다. 지금부터 여기에서 말하는 '나'는 아이의 마음을 대변하는 '나'로 역할극을 진행한다.

상황 1

아침부터 엄마의 잔소리 때문에 기분이 좋지 않다. 그래도 학교는 가야 하기에 힘든 몸을 이끌고 교실에 들어갔다. 선생님께서는 컴퓨터 앞에서 무언가를 열심히 찾고 있는 듯 마우스와 씨름 중이다. 나는 가서 인사를 드렸다. 역시! 눈빛은 나를 쳐다보지도 않고 여전히 모니

터와 씨름한다. 입으로 “그래, 진수 안녕!”이라고 말하지만 전혀 마음으로 들어오지 않는다. 나는 그래도 선생님께 할 도리는 했다. 인사를 했으니 괜찮다. 에휴! 아침부터 진짜 기분 더럽다. 오늘도 나는 어찌 살아가야 할지 가슴이 답답하기만 하다.

상황 2

오늘 아침 엄마의 잔소리를 들었다. 기분은 좋지 않았지만 괜찮다. 학교에서 나를 기다리는 선생님과 친구들이 있기 때문이다. 오늘도 역시 선생님께서는 교실 이곳저곳을 돌아다니시며 아이들과 인사하느라 정신이 없으시다. 나도 가서 인사드렸다.

“선생님, 안녕하세요.”

“그래, 진수야! 좋은 아침이구나! 아침은 먹었니? 안색이 좋지 않네!”

“네, 먹긴 먹었는데…….”

“몸이 아프면 꼭 선생님께 이야기해 주렴. 어제는 방과 후에 무슨 재밌는 일이 있었니?”

“(화색이 돌며) 어제는요……”

각 상황에서 ‘나’ 진수의 하루가 어떨지 충분히 예상할 수 있는가? 그렇다면 아이들을 어떻게 맞이해야 할까? 다음 몇 가지 글을 읽어 보자.

“사랑의 시간을 투자받은 아이들은 스스로 인생을 설계한다. 돈으로 받은 유산은 몇 년 동안 아이를 살려 주겠지만 시간과 마음으로 받은 유산은 평생 스스로 행복을 찾게 만든다." 20년간 치료와 양육을 경험하고 힐링 심리학 아카데미 원장을 맡고 있는 이현수 박사는 『엄마 냄새』에서 아이들에게 사랑의 시간을 투자하라고 조언한다.

또 데일 카네기는 15년에 걸쳐서 연구한 『카네기 인간관계론』에서 이렇게 이야기한다. "항상 다른 사람으로 하여금 자신이 중요하다는 느낌이 들게 하라.", "자신의 이야기를 열중해서 들어 주는 것과 같은 은근한 찬사를 저항하는 사람은 없다.", "미소를 지을 줄 아는 사람은 경영이나 가르치는 일이나 세일즈를 보다 효과적으로 할 수 있으며, 아이를 더욱 행복하게 기를 수 있다. 찡그린 얼굴보다 미소 띤 얼굴이 더 큰 의미가 있다."

어떤가! 가장 중요한 아침을 아이에게 어떻게 선물해 주어야 할지 깨달았는가! 지금 생각하는 것을 즉각 실천하면 된다.

나 역시 매 순간 아이들을 따뜻하게 맞이한다고 자신 있게 말할 수 없다. 부끄럽지만 그것이 정답이다. 하지만 나는 안다. 내가 최대한 그렇게 하려고 노력한다는 것을 우리 반 아이들 대부분이 알고 있다는 사실을 말이다.

우리 반 아이들은 등교를 하면 다음 세 가지를 자동으로 실시한다.

■ 하나. 글똥누기 작성

'글똥누기'는 이영근의 『초등 학급운영 어떻게 할까?』에서 모티브를 얻어 운영했다. 어느 날 SNS에서 이영근 선생님이 새 학년을 맞이하는 모습을 보았는데, '글똥누기'를 쓸 수첩을 아이들에게 선물하는 사진이었다. 수첩 표지에 라벨지로 아이들의 이름과 멋진 글귀를 붙여 각자의 책상 위에 올려 두고는 아이들을 맞이할 준비를 하고 있었다. 나는 바로 문구점에 가서 '글똥누기'를 작성할 수첩 30개를 사서 라벨지에 이런 글귀를 써 넣었다.

함께 배우고 성장하는 우리
밀알반 13기
"배운다는 건 꿈을 꾸는 것"
5학년 1반 00번
예쁜(멋진) ○○이♡

3월 2일 등교한 뒤 아이들은 각자의 책상에 놓여 있는 '글똥누기' 수첩을 보고 다들 놀라는 표정이었다. 자기 이름이 적힌 수첩이 놓여 있으니 더욱 놀라지 않았겠는가! 데일 카네기는 『카네기 인간관계론』에서 루즈벨트 대통령의 사례를 들며 "다른 사람의 호의를 누릴 수 있는 가장 간단하고 분명하면서도 중요한 방법이 그들의 이름을 기억하여 그들로 하여금 중요한 느낌이 들도록 하는 것"이라고 이야기한다. 확실히 등교 첫날에 먼저 이름을 언급한 것은 효과가 있었다.

수첩에는 월요일부터 금요일까지 다양한 테마로 구성되어 있다. 작성하는 부담을 줄여 주려고 허승환 선생님이 강조했듯이 자신의 현재 마음을 두 줄로 쓰도록 했다.

- 월요일 : 지난주 반성 및 이번 주 목표
- 화요일 : 주제 글쓰기(선생님이 주제를 정함)
- 수요일 : 자유 주제
- 목요일 : 오감사 훈련(다섯 가지 감사 적기)
- 금요일 : 자유 주제

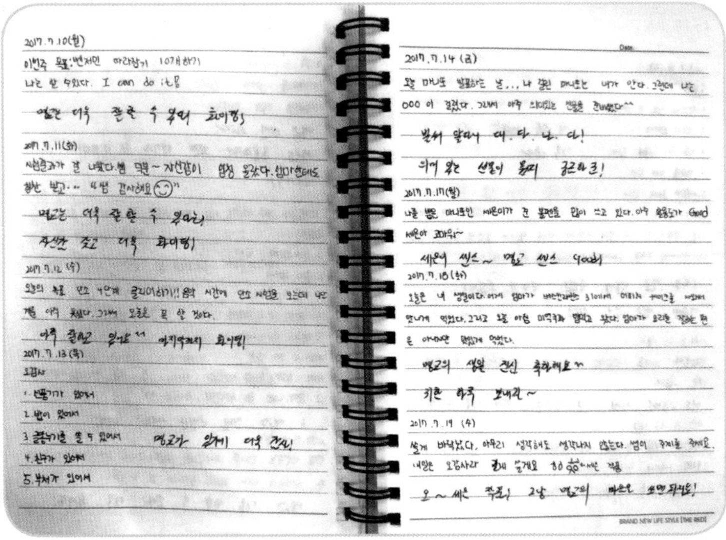

나는 아이들이 모두 돌아간 방과 후에 하나씩 읽으며 답글을 남겼는데, 이것을 나의 철칙으로 삼았다. 반드시 답글은 당일에 남길 것. 아이들은 두 줄만 써도 되는데도 점점 길게 쓰기 시작했다. 카네기가 말했듯이 스스로 원해서 하니 글도 제법 잘 썼다. 이 '글똥누기'는 학부모를 상담할 때도 매우 효과적이다. 3월 학기초 학부모 총회 때 대부분의 선생님이 부모와 나눌 이야기 거리가 없어 고민할 때도 나는 '글똥누기'를 학부모와 함께 읽으면서 다양한 주제로 이야기를 나눴다. 5월 상담 때도 마찬가지다. 부모는 자녀가 매일 작성한 '글똥누기'를 보며 아이의 마음을 읽는다. 때때로 읽으면서 우는 학부모도 있다. 그때는 살며시 자리를 비켜 준다.

지난 12년간 일기를 지도하는 일은 매우 힘겨웠다. 일단 내게 일관성이 없었고, 그러다 보니 아이들도 점점 드문드문 제출하여 크게 의미가 없었던 것이다. 하지만 '글똥누기'는 새 학년 첫날부터 의미로 연결되어 지금까지 계속 그 연결 고리를 이어 나가고 있다. 아이들은 이 수첩을 버릴 수 있을까? 아닐 것이다. 교사인 나와의 대화, 매달 초 짝이 바뀔 때마다 적어 준 친구의 편지, 학부모 공개 수업 때 적은 눈물로 쓴 편지 등이 곳곳에 남아 있기에 아이에게 이 수첩의 의미는 극대화된다. 이것은 역사가 된다.

■ 둘. 하루 미션(작은 도전 100개 프로젝트)

스펜서 존슨의 『멘토』에서는 이렇게 이야기한다. "우리가 해야 할 일은 바로 자기가 잘하고 있는 일을 찾아내는 거야. 우리는 날마다 무슨 일인가를 훌륭하게 해내고 있으면서도 그런 작은 성공을 스스로 알아채지 못하고 있어."

이름하여 스몰윈 효과! 권영애의 『그 아이만의 단 한 사람』에도 작은 도전 100개 성공 프로젝트가 나오는데, 나승빈 선생님의 학급 운영에서도 같은 이야기를 한다. 그래서 나 역시 SW(Small Win) 프로젝트, '하루 미션'을 운영했다.

칠판에 선생님의 미션을 하나 쓴다. 예를 들어 '선생님과 하이파이브하면서 인사하기' 같은 누구나 할 수 있는 미션이다. 관계, 독서, 봉사 등 다양하게 활용할 수 있다. 그리고 개인 미션을 스스로 1개 적는다. 즉, 하루 동안에 선생님과 개인 미션을 1개씩 부여하여 스몰윈 효과를 극대화하는 것이다. 미션을 달성할 때마다 교실 앞 체크리스트에 스티커를 하나 붙여서 작은 도전 100개 프로젝트를 실시한다. 이것은 따로 수첩이나 공책을 활용하기보다는 '글똥누기' 뒷면에 작성하도록 했다. 이것으로 아이들의 도전 의식이 점점 형성되어 공모전 같은 큰 도전도 함께해 나갈 수 있는 에너지를 얻을 수 있었다.

■ 셋. 아이비 리 여섯 가지 법칙

아이들이 우선순위의 중요성을 몸소 체험할 수 있는 아이비 리를 김태광의 『출근 전 2시간』, 조신영의 『성공하는 한국인의 7가지 습관』에서 만났는데, 이것을 교실로 가져왔다.

1. 그날 해야 할 일 여섯 가지를 적는다.

2. 중요도에 따라 1번부터 6번까지 번호를 매겨서 적는다.
3. 주머니에 넣고는 아침, 쉬는 시간, 점심시간, 하교 시간, 집에서 생각 날 때마다 보고는 하나씩 해 나간다.

간단해 보이는 활동이지만 아이들 스스로 계획적인 삶을 살아가는 모습을 보니 결과는 기대 이상이다. 자세한 내용이 궁금하다면 '밀알반 아이비 리'를 검색한다.

이제 '하루 닫기'를 할 시간이다. 이것도 세 가지를 매일 반복적으로 운영한다.

■ 하나. '오늘의 미덕이' 발표

이것은 앞서 이야기한 버츄 프로젝트와 연계된 것이다. 오늘의 미덕이 친구가 남자 1명, 여자 1명을 정해 미덕을 잘 실천한 친구를 공개적으로 칭찬하면 모두 박수를 친다.

■ 둘. '오늘의 사랑이' 적기

이것은 이영근 선생님의 아이디어에서 착안한 것으로 알림장 작성할 때 맨 마지막에 '오늘의 사랑이'를 적고 서로가 친구를 공개적으로 칭찬하는 것이다. 예를 들면 이렇다. "저는 오늘 창수를 칭찬합니다. 왜냐하면 오늘 급식당번도 아닌데 급식 치우는 것을 도와주었기 때문입니다.", "저는 세은이를 칭찬합니다. 왜냐하면 복도에서 쓰레기를 주었기 때문입니다.", "저는 저를 칭찬합니다. 왜냐하면 오늘 하루를 알차게 보냈기 때문입니다." 그리고 다른 친구에게 두 번 칭찬을 받으면 이름 옆에 '⑵', 세 번 칭찬을 받으면 '⑶' 식으로 누적된 칭찬 개수를 기록한다.

어느 날이었다. 평소와 다름없이 '오늘의 사랑이'를 하고 있는데, 칭찬을 받은 아이가 "나이스!"라며 환호하는 것이 아닌가. 다른 아이는 다 잊어도 그 아이는 아마 자신을 칭찬해 준 친구와 이 날 느낀 기쁨을 평생 간직할 것이다. 한번 시도해 보면 학급이 살아난다는 것을 느낄 수 있을 것이다.

■ 셋. 하이파이브, 하이텐, 하이피프틴 인사

아이들과 마지막 전체 인사를 할 때 함께 외치는 구호가 있다. "차조심, 길조심, 사람조심, (짝짝짝) 밀알!"

매일 안전에 대한 유의 사항을 이렇게 구호로 외치고는 헤어진다. 나는 교실 앞문에서 아이들과 하이파이브, 하이텐, 하이피프틴 등으로 인사를 한다. "안녕, 잘 가요! 수고 많았어요." 아이들은 발걸음 가볍게 방과 후 또는 학원, 집으로 향한다. 어느 날 한 친구가 '글똥누기'에 이렇게 적었다. “오늘 참 알차게 보냈다.” 그렇다. 우리는 3월 2일부터 매일매일 알찬 하루를 보낸 것이다. 내 블로그에서 ‘밀알 이야기’ 내용을 자세히 볼 수 있다.

이제 하루를 기쁨으로 열고, 알차게 닫아 보자! 학급이 달라지고, 무엇보다 학생과 학부모, 교사가 달라질 것이다.

04.
성찰 훈련
: 반복하고, 반복하고, 또 반복하게 하라

우리 반은 다양한 방법으로 독서 근육을 키운다. 알림장에 독서 미션 주기, 아이비 리 여섯 가지 법칙, 1·1·1 프로젝트, 셀프학습 체크리스트, 독서 마라톤 개인 및 공동 목표, 독서 성장 회의, 독서 문집 만들기, 꼬마 작가 만들기 프로젝트 등 다양한 경로를 활용하여 독서 날개를 달 수 있게 한다.

- 알림장 미션 : 알림장에 매일 '독서 10분하기' 숙제를 제시한다. 핵심 습관 만들기 프로젝트 1과 연계하여 운영한다.
- 아이비 리 여섯 가지 법칙 : '독서 10분'을 포함하여 우선순위를 여섯 가지 정하게 한다. 나중에는 아이들이 자발적으로 독서 10분을 포함할 것이다.

- 1·1·1 프로젝트 : 스펜서 존슨의 『멘토』를 읽고 착안한 프로젝트다. 1분 계획, 1분 칭찬, 1분 성찰의 방법으로 자신의 독서력을 계속 점검하는 것이다.
- 셀프학습 체크리스트 : 김성효의 『학급경영 멘토링』에서 소개한 내용을 토대로 크게 공부, 독서, 운동으로 나눈다. 이것을 스스로 계획하고 점검하도록 하는 시스템이다.
- 독서 마라톤 : 학급 게시판을 활용하여 자신의 연간 목표와 공동 목표를 함께 설정한다. 목표를 달성했는지 매달 체크하여 개인의 독서력과 공동 독서력을 점검함으로써 서로 독려하는 상호 독서 점검 시스템이다.
- 독서 성장 회의 : 매달 마지막 주에 독서 성장 회의를 한다. 독서를 하면서 좋았던 점, 아쉬웠던 점, 바라는 점을 주기적으로 점검하여 독서 성찰을 이루어 나간다.
- 독서 문집 만들기 : 매달 A4용지 한 장에 자신이 읽고 친구들에게 추천해 주고 싶은 책을 그림과 인상 깊게 읽었던 글 등으로 정리하여 책 형식으로 만든다. 교실 뒤쪽에 게시해 놓고 아이들이 서로 볼 수 있도록 하면 좋다.
- 꼬마 작가 만들기 프로젝트 : 시 짓기 프로젝트와 연계하여 아이들의 이름을 적은 책이 출간될 수 있도록 다양한 경로로 출판하는 프로젝트다.

나는 여기서 이 중 1·1·1 프로젝트를 설명하고자 한다. 이것만 잘 훈련해도 계획, 칭찬, 성찰이 유기적으로 결합하여 목표를 달성할 수 있다.

'1·1·1 프로젝트'는 스펜서 존슨의 『멘토』를 읽고 착안한 프로젝트다. 아이들은 목표를 설정하는 단계부터 스스로를 칭찬하고 성찰할 수 있는데, 이것이 서로 유기적으로 연결되어 3분만 시간을 투자해도 최고의 효과를 얻을 수 있도록 설계했다.

■ 1분 목표(6단계)

- 1단계 : 내가 스스로에게 가르치고 싶은 것이 무엇인지 조용히 생각해 보는 시간을 갖는다.
- 2단계 : 목표를 1인칭 현재 시점으로 정해 이미 달성한 것처럼 적는다.
- 3단계 : 1분 안에 반복해서 읽을 수 있도록 목표를 간략하게 적는다.
- 4단계 : 목표를 적을 때는 달성 날짜까지 포함해서 구체적으로 적는다.
- 5단계 : 목표를 달성했을 때 기분을 상상하며 긍정적인 단어로 기록한다.
- 6단계 : 날마다 여러 차례 1분씩 투자하여 내 행동과 목표를 돌아보고, 행동이 목표에 부합하는지 살펴본다.

■ 1분 칭찬(5단계)

- 1단계 : 뭔가 잘한 일이 있을 때는 그 자리에서 바로 스스로를 칭찬한다.
- 2단계 : 옳은 일을 했을 때는 그 즉시 칭찬하고, 자기가 잘한 일이나 잘한 편에 드는 일이 무엇인지 구체적으로 스스로에게 말한다.
- 3단계 : 자신이 한 일로 얼마큼 기분이 좋은지를 스스로에게 말해준다. 실제로 그런 기분을 만끽하려고 몇 초 동안 주의를 집중한다.
- 4단계 : 나는 정말 훌륭한 사람이라는 사실을 상기하며 스스로에게 자부심을 불어넣는다.
- 5단계 : 훌륭한 행동 방식을 유지할 수 있도록 스스로를 독려한다. 내 자신과 행동 때문에 이렇게 기분이 좋아졌다는 것이 얼마나 바람직한 일인지 생각해 본다.

■ 1분 성찰(5단계)

- 1단계 : 목표에 부합하지 않는 행동을 하는 즉시 그 사실을 깨닫도록 노력한다.
- 2단계 : 무엇을 잘못했는지, 즉 스스로 배우고자 가르치는 데 무엇이 방해를 하는지 아주 구체적으로 자신에게 말한다.
- 3단계 : 조용히 내가 '공을 놓쳤다'는 사실을 마음속 깊이 느끼는

시간을 갖는다.

- 4단계 : 옳지 않은 행동을 한 것은 사실이지만, 그 행동과 나는 별개라는 것을 상기한다. 자신의 행동을 바로잡고 스스로를 긍정적인 시각으로 바라본다.
- 5단계 : 스스로에게 배우고자 하는 것을 가르친다. 그릇된 행동 방식을 바꾸고 성찰로 행동을 다듬는다.

1분 목표, 1분 칭찬, 1분 성찰 방법을 참고하여 자신만의 방법을 찾아보자! 스펜서 존슨은 『멘토』에서 우리에게 이렇게 이야기한다. "우리 모두는 학생인 동시에 스승이다. 우리는 배울 필요가 있는 것을 스스로에게 가르칠 때 최상의 능력을 발휘한다."

목표, 칭찬, 성찰이라는 이 세 가지를 계속해서 반복하자!

05.
필사 훈련
: 베껴 쓰고, 베껴 쓰고, 또 베껴 쓰게 하라

> 율곡 이이는 "천하의 모든 물건 중에 내 몸보다 소중한 것은 없다. 그런데 이 몸은 부모님께서 주셨다."라고 말했다. 나는 이 명언을 드림 카드에 필사했는데, 다른 친구들도 이것을 감명 깊게 받아들였으면 좋겠다.

이것은 우리 반 효은이가 작성한 글이다. 친구를 생각하는 마음이 너무나 예쁜 친구다.

나는 37년 동안 적는 것을 그 누구보다 싫어했던 사람 중 하나다. 읽기도 바쁜데 손으로 직접 적기까지 하다니 가당치도 않았다. 그렇게 나는 그냥 필사는 필사요, 독서는 독서라고 여겼다. 그런데 책을 읽다 보니 필사를 강조한 곳이 한두 군데가 아니었다. 책 읽기와 관련된 책뿐만 아니라 상당수 자기계발서에서도 필사, 메모를 강조했다. “부지런히 메모해라. 쉬지 말고 적어라. 기억은 흐려지고 생각은 사라진다. 머리를 믿지 말고 손을 믿어라. 메모는 생각의 실마리다. 메모가 있어야 기억이 복원된다. 습관처럼 적고 본능으로 기록하라.” 하고 정약용은 이야기한다.

또 이지성은 『리딩으로 리드하라』에서 “필사는 책을 베껴 쓰는 것을 말한다. 원칙적으로는 책 전체를 필사하는 게 가장 좋다. 하지만 정독을 하면서 밑줄을 그어 둔 부분만 필사해도 괜찮다. 필사는 노트에 해도 좋고 컴퓨터로 해도 좋다. 나는 통독이나 정독보다 필사가 훨씬 쉽다고 하는 아이들을 많이 보았다. 그리고 통독이나 정독을 할 땐 답답하기만 했던 머릿속이 필사를 하고 나니까 시원하게 열리는 것 같아서 기분이 매우 좋았다는 소리도 많이 들었다. 사실 그런 경험은 나도 종종했다. 그래서 나는 한때 필사가 인문고전독서의 핵심이라고 생각하기까지 했다. 필사를 잘 시키는 방법도 역시 동기부여, 칭찬, 보상, 모범이다. 이 네 가지만 잘하면 인문고전의 독서교육은 최고의 성과를 낼 수 있다.”라며 필사를 강조한다.

필사와 메모. 이 두 가지는 이제 중요한 내 삶의 키워드로 자리매김했다. 앞서 이야기한 대로 조성희의 『뜨겁게 나를 응원한다』를 필사하면서 그동안 나를 얽매이고 있던 두려움이 조금씩 사라지는 것을 느꼈다. 당시 필사한 글을 조성희 대표가 운영하는 카페에 공유했는데, 53일째 되던 날 조성희 대표가 댓글을 남겼다.

“매 순간을 진정 느끼고 그 과정을 더욱 깊게 깨닫는 밀알샘! 필사를 제대로 하고 계십니다. 마음 근육이 LTE 속도로 강화되고 계심을 진정 축하드립니다. 뜨겁게 뜨겁게 밀알샘을 응원 드립니다." 마인드 스쿨을 운영하는 대표에게서 이런 격려의 말을 들으니 한층 자존감이 높아졌다. '아, 내가 잘하고 있는 것 같구나! 앞으로도 더욱더 정성을 다해야겠다.'는 생각을 하면서 요즘도 하루하루 열심히 필사를 하고 있다. 이 좋은 필사의 느낌을 아이들에게도 알려 주고 싶었다. 그래서 고안한 세 가지 방법이 있다.

첫 번째 방법은 아이들이 등교하면서 볼 수 있도록 칠판 한쪽에 하트를 크게 그려 놓고, 그 안에 명언과 내가 전하고 싶은 메시지를 적는 것이다. 예를 들면 이렇다.

> '인간은 태어날 때 대리석과 그것을 연마하는 데 필요한 도구를 갖고 태어난다. 일생동안 그것을 다듬지 않고 끌고 다닐 수도 있고, 자갈로 만들 수도 있으며, 혹은 하나의 멋진 조각으로 만들 수도 있다.'
> 리처드 바크는 『갈매기의 꿈』에서 이렇게 이야기합니다. 여러분에게 있는 대리석을 어떻게 만들고 있나요? 멋진 조각을 응원합니다.

아이들은 매일 아침, 학교에 오면 이 칠판에 적힌 '아침편지'를 읽는다. 그리고 수업 시작 전에 아이들과 함께 다시 한 목소리로 읽고 5~10분 정도 이와 관련된 인성교육을 실시한다. 어느 날 한 아이가 나에게 다가와서 이렇게 말했다.

"선생님, 칠판에 적어 놓으신 것 베껴 써도 되나요?"

"그럼요. 어떻게 그런 생각을 하게 되었나요?"

"글귀가 너무 좋아서 가슴속에 새겨 두려고요."

그 아이는 평소에 아무리 쓰라고 지시해도 쓰지 않았었다. 그런데 그날부터는 매일 아침마다 칠판에 적힌 아침편지를 베껴 쓰기 시작했다. 얼마나 기특한가! 그리고 얼마나 기대가 되는가! 스스로 알아서 하는 힘은 정말 위대함을 불러온다. 다시 데일 카네기의 말을 되새겨 보자.

"이 세상에서 누군가에게 어떤 일을 하게 하기 위해서는 단 한 가지 방법밖에는 없다. 그것이 무엇인가를 생각해 본 일이 있는가? 그렇다. 단 한 가지 방법뿐이다. 그것은 스스로 그 일을 원하도록 하는 것이다."

두 번째 방법은 『논어』를 필사한 것이다. 매주 목요일마다 『논어』 중 일부를 필사하면서 우리 마음의 근육을 부드럽고 유연하게 만든다. 한 단락을 필사하고 그에 대한 느낀 점과 실천할 것을 한 가지씩 서로 이야기한다. 독서록과 연계하여 운영하니 아이들이 자발적으로 잘 참여한다. 하루는 『논어』의 「옹야」편에 나온 "무언가를 안다는 것은 그것을 좋아하는 것만 못하고 좋아하는 것은 즐기는 것만 못하다."를 필사했다. 아이들은 저마다 이 글을 필사한 뒤 느낀 점과 실천할 거리들을 함께 작성했다.

"배운 것을 즐기고 배우는 기쁨을 느끼고 살아야겠다.", "공자께서 말씀하신 것이 맞는 것 같다. 공부는 아는 게 아니라 즐기는 것이 중요하다." 등 같은 글을 필사하고도 저마다 다르게 해석하고 실천한다. 그것이 바로 세상의 묘미가 아니겠는가. 서로 다른 경험과 지식으로 각자의 눈높이에 맞는 것을 하나씩 실천하면 된다. 그렇게 우리는 함께 성장하고 있음을 느낀다.

세 번째 방법은 '미덕카드' 필사다. 한국 버츄 프로젝트에서 구입한 미덕카드에는 52가지의 미덕을 실천하는 방법 등이 적혀 있다. "상냥함이란 몸가짐이 신중하고, 손길은 부드러우며, 무엇을 줄 때는 조심스럽고, 말씨가 공손하며, 생각도 사려 깊은 것을 말합니다. 누군가 당신의 마음에 상처를 입히거나 당신을 화나게 할 때는 자제력을 이용하세요. 같이 상처를 주는 대신 온화하게 얘기하세요. 당신은 세상을 좀 더 안전하고 화목한 곳으로 만들 수 있습니다."라고 적힌 미덕카드를 아이들은 함께 읽고, 듣고, 글로 쓰면서 작은 미덕의 씨앗들을 가슴속에 깊이 심는 것이다.

아침편지, 논어, 미덕카드 등을 필사한다고 모든 아이가 변화되지는 않는다. 모든 일에 100%는 없다. 하지만 1% 가능성이라도 있다면 한번 시도할 만하다. 그것이 도전이고 가능성이다. 누군가에게는 영향을 줄 수 있기에, 필사가 삶의 변곡점이 될 수 있기에 오늘도 열심히 필사를 하는 것이다. 그래서 많은 위인이 이렇게 이야기한다. "쓰면 이루어진다."라고 말이다.

06.
나눔 훈련
: 기적의 손편지 프로젝트가 시작된다

2016년 7월 8일, 나는 그날 받은 감동을 아직도 잊지 못한다. 교무실에 가니 우편함에 두툼한 우편물이 하나 도착해 있었다. '어? 택배 올 거 없는데?' 발송인을 보니 윤성희라고 적혀 있었다. '윤성희? 누구지…… 아! 기적의 손편지?' 작은 행동이 큰 기쁨을 가져온 순간이다.

나는 당시 독서토론을 함께 나누고 있었는데, 토론 도서 중 윤성희의 『기적의 손편지』가 있었다. 책 속에는 좋은 글귀가 많았는데, 그중 관계를 설명한 좋은 글귀를 발견했다.

"나는 모든 사람들의 마음이 '사람'을 향해 있다고 믿습니다. 그래서 누군가 관계의 다리를 놓으면 망설이지 않고 건너게 될 것이라고 생각합니다. 그러나 모두가 다리가 생기기만을 기다린다면 관계는 만들어지지 않습니다. 내가 먼저 다리를 놓아야 합니다."

처음에는 '감성이 풍부한 책이네' 정도의 느낌만 받았는데, 계속 읽다 보니 마음에 깊이 있는 울림을 받고 있었다. 그래서 읽다가 책을 덮고는 아내에게 두 쪽 분량의 손편지를 썼다. 첫 장에는 자녀를 생각하는 '아내의 기도'를 약간 바꿔서 아내를 생각하는 '남편의 기도'를 썼다. 그러고는 다음 장에는 아내에게 하고 싶은 간단한 말을 썼다. 쓰고 나니 무언가 해낸 듯 기분이 좋았다. 무언가 다리를 놓은 것도 같은 느낌이었다. 과거에도 종종 손편지를 썼지만 이제는 좀 더 자주 쓰고 싶은 생각이 들었다. 가끔이지만 새벽에 아내의 노고에 감사함을 담은 글을 포스트잇에 적어서 붙여 놓고는 한다. 전근을 가는 행정실장에게 작은 편지를 건넨 적도 있고, 우리 반 아이들에게도 짧은 글귀를 적어 선물하곤 한다. 못 쓰는 글씨임에도 한 땀 한 땀 정성을 다해 적었다.

나는 『기적의 손편지』를 읽다 받은 감동적인 글과 손편지를 사진으로 찍어서 블로그에 올렸다. 그것을 본 윤성희 작가가 블로그에 댓글을 달았고, 이렇게 우편물로 선물까지 보내 준 것이다. 우편물에는 작가가 직접 작성한 손편지와 엽서들이 들어 있었다. 엽서는 당시 밀알반 12기 아이들과 함께 나눠 주었다. 우리는 감사한 마음을 모아 감사편지를 써서 보냈다. 그것이 '기적의 손편지'로부터 받은 첫 번째 감동이었다.

2017년 4월은 기적의 손편지가 다시 힘을 발휘한 시기다. 3월에 다시 책을 꺼내 읽다 아이들에게 좋은 추억을 선물해 주고 싶었다. 그래서 윤성희 작가 블로그에 다시 한 번 선물을 받고 싶다고 부탁하는 글을 남겼는데, 흔쾌히 엽서를 보내 주었다. 그날 밀알반 13기 아이들이 지른 환호성이 지금도 귀에 생생하다. 엽서만으로도 충분히 감사한데, 작가가 꿈인 아이에게 직접 써서 보내 준 손편지는 더욱 감동이었다. 지난번 처럼 우리는 감사편지를 써서 답장을 보냈다. 나중에 작가는 블로그에 이렇게 글을 남겼다.

기적

손편지 책을 쓰면서 제목에 대한 고민이 깊었다. 제목을 뭐라고 써야 좋을까. 그러다 나는 '공감'이라는 단어를 떠올렸다. 그리하여 내가 정했던 제목은 '손편지로 공감하다'였다. 그런데 출판사에서는 『기적의 손편지』라는 제목을 뽑았고, 그들의 설득에 나는 '그렇게 하자'고 동의했다.

사실 불편했다. '기적'이라는 단어를 막 갖다 써도 될까. 내가 쓰는 손편지가 무슨 '기적'씩이나 될까 싶었다. 그리고 미안했다. 진실로 기적을 바라고 사는 이들에게.

출판되고 반짝, 팔리는가 싶었던 책은 잘 팔리지 않았다. 내가 생각했던 기적, 그러니까 책이 많이 팔리고, 내가 유명해지고, 돈도 많이 벌고, 강의도 엄청 다니는 그런 '기적'은 일어나지 않았다. '기적'을 바랐던 나는 그저 '일상'을 살아가게 됐다.

손편지로 강의 제안서를 보내고, 연락이 오는 곳에 강의를 가고, 둘째를 유치원에 데려다 주고, 큰아이 숙제를 봐주고, 시간을 쪼개 책을 읽고, 공감을 필요로 하는 이들에게 편지를 쓰며 살았다. 그러다 어느 초등학교 선생님을 알게 됐다.

작년 여름 '손편지'라는 키워드로 검색을 하다가, 내 책을 읽었다는 한 초등학교 선생님을 알게 됐다. 내 책을 읽고 감동을 받았다는 선생님께, 나는 반 아이들과 나눠 쓰시라고 엽서를 조금 보내 드렸다. 그랬더니 며칠 후에 집으로 등기가 왔다. 엽서를 받은 아이들이 쓴 감사편지였다. 얼굴 한 번 본적 없는 아이들이 정성껏 써서 보내 준 편지를 읽으면서, 아, 이게 기적이구나! 싶었다.

며칠 전, 그 선생님에게 다시 연락이 왔다. 반 아이 중에서 '작가'가 되고 싶어 하는 친구가 있다고. 그 친구에게 엽서를 좀 보내 줄 수 있냐는 거였다. 엽서 보내는 게 뭐 어려운 일일까. 나는 그러겠다고 했다. 그 친구에게 몇 줄의 편지도 써서 보냈다. 그리고 이번에도 반 아이들과 나눠 쓰시라고 엽서를 더 보냈다.

그런데 오늘 또 기적이 일어났다. 한꺼번에 스무 통의 편지가 도착한 것이다.

종이 위에 깨알처럼 박힌 편지를 읽으며 깨달았다. 내게 오는 기적은 돈이나 물질적인 것이 아니라, '사람'이라는 것을 말이다. 엽서 한 장에 이렇게 기뻐하고, 감사할 줄 아는 사람. 그런 사람들을 만나고, 그들과 공감하고, 함께 연대해 가는 것이 내게 일어날 '기적'이 아닐까?

이런 기적을 만들기 위해, 오늘도 나는 편지를 쓴다.

우리 반에 기적을 선물하니 윤성희 작가에게도 기적이 일어난 것이다. 이것이 바로 출이반이(出爾反爾) 법칙, 즉 자신에게서 나온 것은 반드시 자신에게 돌아온다는 것을 증명하는 사례가 아니겠는가! 부정적인 것이든, 긍정적인 것이든 이 법칙은 거의 통하는 것 같다. 나는 『기적의 손편지』로 손편지의 힘을 알게 되었다.

- 편지는 내가 당신을 기억하고 있다는 것
- 손편지가 갖는 가장 큰 힘은 관계를 이어 준다는 것
- 다산 정약용(18년간 100여 통의 편지를 보냄)과 인도의 초대 총리 자와할랄 네루(감옥에서 3년간 200여 통의 편지를 보냄)의 '서신교육'
- 『포스트잇 라이프』로 자녀와 부모의 관계 개선

나는 이 감동을 교실에 다양한 방법으로 적용했다.

■ 하나. 쪽지편지

크게 부담이 되지 않는 범위 내에서 아이들에게 손편지를 쓰고 그것을 전달했다. A4용지 1/4 크기가 적당했다. 아이에게 해 주고 싶은 명언을 적절히 활용하고, 7:3 법칙을 지켜 상대방의 관점에서 최대한 정성을 다해 한 글자씩 꾹꾹 눌러 기도하는 마음으로 작성했다. 밥친구를 하면서 주기도 하고, 마음이 울적해 보이는 아이나 어려운 가정 환경에서도 꿋꿋하게 살며 웃음을 잃지 않는 아이, 열과 성의를 다하는 임원들, 발표를 하지 않다가 오랜만에 손을 번쩍 든 아이 등 칭찬이나 격려할 거리를 발견하면 바로 작은 쪽지에 써서 건넸다.

아이들의 반응은 다양했다. "와! 선생님 감사합니다. 가보로 오랫동

안 간직하겠습니다.", "선생님, 이거 뭐예요? 낯간지러워요. 하지만 기분은 좋아요.", "선생님께서 말씀해 주신대로 꼭 이겨 내서 승리하겠습니다. 감사합니다."

손편지는 '그 아이만의 단 한 사람'으로 연결시켜 주는 강력한 도구라는 생각이 들었다. 그렇다. 누군가 힘들어하는 아이가 있다면 펜을 들고 포스트잇 한 장에 그 아이만을 위한 이야기를 적어 보자. 그러면 그 아이와 어느덧 '의미'라는 다리로 연결되어 있을 것이다.

■ 둘. 스승의 날 숨어 있는 스승 찾기

스승의 날이 되면 대부분 옛 스승에게 편지를 쓴다. 나는 지난 12년간 스승의 날이 되면 아이들에게 다른 선생님께 편지를 쓰라고 주문한다. 그러다 진정성을 갖고 학급을 운영하는 나승빈 선생님의 활동을 보고 그 생각을 조금 더 확장시켰다. 바로 학교 안에 숨어 있는 스승을 찾아 그들에게 편지와 카네이션을 선물하는 것이다.

우리는 브레인스토밍을 통해 이분들을 빠짐없이 칠판에 적기 시작했다. 행정실 5명, 급식실 5명, 교무실 5명, 도서관 1명, 전담 선생님 3명, 청소 여사님 2명, 보건 선생님 1명 등 역할을 분담하여 이분들에게 정성스럽게 편지를 써서 드렸다. 그 뒤 만나는 분들마다 아이들의 편지에 감동을 받았다고 이야기했다. 하나의 정의가 내려지는 순간이다. 어른, 아이 할 것 없이 누군가의 정성은 '기적'을 낳는다는 것을 말이다.

■ 셋. 생일책 만들기

생일날 함께 진심 어린 축하를 하고 축복을 받는 것은 공동체의 소속감과 존중감, 안정감을 느끼게 하기에 중요하다. 그래서 고안한 것이 생일책 만들기다. 아이들은 A4용지에 생일 맞은 아이의 장점 세 가지, 하고 싶은 말, 주고 싶은 선물을 그림으로 꾸민다. 그림부에서 표지를 만들면 앞뒤에 OHP 필름을 입히고 왼쪽에 구멍을 뚫어 고리로 엮는다. 그러면 생일책이 완성된다.

나는 이것과 더불어 김성효의 『학급경영 멘토링』에 나온 방법을 함께 실시했다. 학기초에 원하는 학생들만 일정한 금액 안에서 선물을 사오게 한다. 이것을 모아 두고는 매달 생일맞이 아이에게 번호를 뽑아 선물을 고르게 했다. 나머지 부족한 선물은 학급 운영비로 준비했다. 생일맞이 아이는 그날 친구들에게 받은 정성이 담긴 생일책과 선물, 함께 불러 주는 생일 축하 노래를 잊지 못할 것이다.

■ 넷. 방학 중 편지

방학 중에 아이들에게 깜짝 손편지를 작성해서 보내는 것이다. 손편지를 받은 학생, 학부모는 교사와 관계지수가 적어도 1도는 높아지지 않을까?

■ 다섯. 연말 추억의 엽서 제작

연말에는 우리 반의 TOP 10대 사진을 선정하여 엽서로 제작하고, 그것을 아이들과 공유하여 한해를 감사하면서 마무리하는 편지를 쓴다. 이때 다양한 대상을 선정하여 친구, 선생님, 부모, 가장 중요한 자신에게도 편지를 쓰는 것이다. 그러면 평생 잊지 못할 한해로 기억에 남을 것이다.

나는 여기에 주변 교사에게도 책과 함께 손편지를 써서 보내는 활동을 추가하고 싶다. 손편지는 우리에게 공감으로 소통하는 힘을 준다. 그래서 나와 너, 우리 모두에게 힘과 용기를 주는 '기적의 손편지'를 오늘도 정성을 다해 적는다.

인문독서
톡! Talk?

김쌤의 48가지 프로젝트 : 책으로 교실을 디자인하다

나에게 책은 학급 경영, 수업혁신 등 다양한 영감을 제공한다. 자기계발서로 자아가 충만해지고, 세계적인 동기부여가에게 얻은 노하우와 다양한 교육서는 학급을 더욱 풍성하게 만든다. 여기서는 어떤 책들에서 영감을 얻었는지 간략하게 소개한다. 이를 바탕으로 자신의 학급이나 가정에 '의미'라는 연결의 매듭을 지어 보자.

프로젝트 이름	참고도서	지은이
논어 10분 읽기, 한 소절 노트 작성(필사)	논어	공자
	초등 고전 읽기 혁명	송재환
	리딩으로 리드하라	이지성

프로젝트 이름	참고도서	지은이
매달 두 편씩 시 짓기	슬로 리딩	하시모토 다케시
	논어	공자
과학, 사회 복습노트	공부가 좋아지는 허쌤의 공책레시피	허승환
	학급경영 멘토링	김성효
감사노트	지금부터 행복해지는 일	이지성
	학급경영 멘토링	김성효
	나는 실패를 믿지 않는다(오프라 윈프리의 일과 성공과 사랑)	로빈 웨스턴
칭찬일기	좋은 엄마가 좋은 선생님을 이긴다(인성편, 공부편)	인젠리
	부모	스펜서 존슨
	EBS 다큐프라임(동영상)	EBS
	뜨거운 관심	하우석
미인대칭, 고미안	초등 부모 학교	김성현, 김은혜
주간 셀프학습 체크리스트	학급경영 멘토링	김성효
긍정 팔찌	박코치의 독설	박정원
	스무살에 알았더라면 좋았을 것들	티나 실리그
불평 금지의 법칙	에너지 버스	존 고든
아이비 리 여섯 가지 법칙	출근 전 2시간	김태광
	성공하는 한국인의 7가지 습관	조신영
	열정은 기적을 낳는다	메리 케이 애시

프로젝트 이름	참고도서	지은이
마지노선의 법칙, 도요새의 법칙, 도도새의 법칙	10대, 네 안에 잠든 거인을 깨워라	김태광
밀알드림카드	난쟁이 피터	호아킴 데 포사다
밀알 평화 회의	초등 학급운영 어떻게 할까?	이영근
	허쌤의 학급경영 코칭	허승환
1분 스피치	허쌤의 학급경영 코칭	허승환
안건함, 칭찬함	학급긍정훈육법	제인 넬슨 외
	부모	스펜서 존슨
밀알 일상 프로젝트	사색이 자본이다	김종원
두레 조직 동아리	학급경영 멘토링	김성효
	행복한 진로교육 멘토링	
블로그 온라인 포트폴리오	48분 기적의 독서법	김병완
	메모의 기적	고니시 도시유키
고사성어 암기	고사성어 어휘력	세사람
1분 칭찬, 격려	칭찬은 고래도 춤추게 한다	켄 블랜차드
	성공. 멘토	스펜서 존슨
	학급경영 멘토링	김성효
방과 후 장기자랑	피할 수 없다면 즐겨라	손종수
네이버 밴드	SNS 홍보 마케팅의 신	양성길 외
나만의 1인 1악기	독일 교육 두 번째 이야기	박성숙
블로그씨 질문으로 생각 나누기	인생혁명	김병완
	행복한 진로교육 멘토링	김성효

프로젝트 이름	참고도서	지은이
독서 마라톤	독서 천재가 된 홍대리	이지성, 정회일
	본깨적	박상배
	일독일행 독서법	유근용
5분 청소법	하루 15분 정리의 힘	윤선현
7560+운동	아침 8분 운동	호르헤 크루즈
밀알일지	학급경영 멘토링	김성효
박코치 영어	영어 천재가 된 홍대리 1 · 2 박코치 소리영어 학습법 박코치 대한민국 어학연수 박장대소 박코치의 독설 박코치 기적의 영어학습법 박코치 어린이 영어훈련소 60일 완성 시리즈	박정원
전자책 저자 프로젝트	세계 전자책 시장은 어떻게 움직이는가	류영호
나만의 버킷리스트 제작	10대, 네 안에 잠든 거인을 깨워라	김태광
	꿈꾸는 다락방	이지성
	버킷리스트	강창균, 유영만
에버노트를 이용한 아이들의 일상, 상담, 포트폴리오 단일화	에버노트 사용설명서	홍순성
칠판 아침편지	초등 학급운영 어떻게 할까?	이영근

프로젝트 이름	참고도서	지은이
글똥누기	초등 학급운영 어떻게 할까?	이영근
	허쌤의 학급경영 코칭	허승환
벤 카슨의 자기 암시 기법	MOM CEO	강헌구
	놓치고 싶지 않은 나의 꿈 나의 인생	나폴레온 힐
오늘의 밥친구	초등 학급운영 어떻게 할까?	이영근
드림보드, 보물지도	시크릿	론다 번
	꿈꾸는 다락방	이지성
	놓치고 싶지 않은 나의 꿈 나의 인생	나폴레온 힐
	보물지도	모치즈키 도시타카
버츄 프로젝트	그 아이만의 단 한 사람	권영애
잠재력 끌어내기	멘토	스펜서 존슨
	카네기 인간관계론	데일 카네기
가족 세우기	마음 흔들기	서준호
	허쌤의 학급경영 코칭	허승환
핵심 습관 만들기 1 · 2 · 3단계	습관의 힘	찰스 두히그
	출근 전 2시간	김태광
	멘토	스펜서 존슨
	그 아이만의 단 한 사람	권영애
1·1·1 프로젝트	멘토	스펜서 존슨
독서 습관 만들기	성공하는 한국인의 7가지 습관	조신영

프로젝트 이름	참고도서	지은이
함께 만들어 가는 학부모 총회	논어	공자
신사임당 따라잡기	가장 낮은 데서 피는 꽃	이지성, 김종원
벤자민 프랭클린 따라잡기	성공하는 한국인의 7가지 습관	조신영
STC 버튼을 이용한 문제 해결 6단계	허쌤의 학급경영 코칭	허승환
필사	뜨겁게 나를 응원한다	조성희
	논어	공자
	버츄카드	한국 버츄 프로젝트
	매직	론다 번
	완벽하지 않은 것들에 대한 사랑	혜민

:에필로그:

당신은 최고의 독서멘토다

"수업에서 선생님은 가르치는 Teacher가 아니라 Designer(디자이너)이고, Motivator(동기부여가)이며 Facilitator(촉진자)의 역할을 합니다."

『초등 부모 학교』의 저자 김성현 선생님이 운영하는 SNS에서 이 글을 보았다. 내가 표현하고자 하는 선생님의 역할이 이 문장에 다 들어 있었기에 바로 프린트를 해서 가장 잘 보이는 곳에 붙여 놓고 매일매일 읽었다. 선생님의 글을 이렇게 바꿔서 다시 읽어 보자. "가정에서 부모는 가르치는 Teacher가 아니라 Designer(디자이너)이고, Motivator(동기부여가)이며 Facilitator(촉진자)의 역할을 합니다."

부모가 최고의 선생님이라고 하지 않던가? 부모 역시 디자이너, 동기부여가, 촉진자의 역할을 해야 한다고 생각한다. 결국 교사와 부모는 우리 아이들에게 최고의 멘토인 셈이다.

'아이는 부모의 등을 보고 자란다'는 말은 단순하면서도 진리다. 그런데 왜 하필 '등'이라고 표현했을까? 부모의 미소 등 더 그럴듯한 표현도 있는데 말이다. 아이들은 부모의 모든 일거수일투족을 관찰하는 습성이 있다. 내가 하는 말, 행동, 심지어 표정까지 모두 따라 하는 따라쟁이다. 교실에서도 마찬가지다. 교사인 내가 정리를 잘 못하는 모습을 보이면 아이들의 자리도 정리가 잘 되어 있지 않고, 내가 웃고 있으면 아이들도 그날은 기분 좋은 모습을 보인다. 또 독서를 하고 있으면 따라서 독서를 하는 아이들도 많아진다. 이렇듯 아이들은 모두 따라 하는 습성이 있다. '아이는 부모의 등을 보고 자란다'는 말을 절대로 무시하면 안 되는 것을 몸소 체험하는 중이다.

나는 학부모와 상담을 할 때 독서 이야기로 많은 시간을 소비한다.

간단하게 아이의 학교생활을 들으려고 왔다가 2시간을 훌쩍 넘기는 것이 다반사다. 그리고 상담이 끝나고 돌아가는 학부모에게 어울릴 만한 한 권의 책을 건넨다. 부모의 삶이 변하면 아이의 삶도 변하기 때문이다. 물론 한 권의 책으로 삶이 완전히 변할 수는 없지만, 그것을 매개로 독서 도미노가 시작될지 누가 알겠는가? "어머님! 독서하는 모습을 보여 주세요. 그러면 아이들도 따라서 읽을 것입니다. 가져가신 책은 천천히 주셔도 됩니다."

아이에게 어른은 최고의 독서멘토다. 그 어떤 독서토론, 논술, 기법 등을 가르치는 학원보다도 강력한 멘토가 된다.

하루는 한 어머니께서 아이 문제로 상담을 하러 오셨다. 나 역시도 그 아이의 부모님이 어떤 분인지 궁금해하던 참이었다. 아이는 다소 내성적인 성격으로 자기 의견을 말하는 것을 두려워했는데, 스스로를 왕따라고 생각하는 아이였다. 나는 어머니와 이야기를 나누면서 많은 것을 알 수 있었다. 상담을 하면서 그 아이의 내면을 조금이나마 이해할 수 있었기에 그 시간은 나에게 더 소중했다. 그리고 상담 중에 내가 가진 근심과 걱정을 모두 내려놓았다. 이유는 단 하나였다. 그 아이의 어머니가 확실한 독서가였기 때문이다. 그 아이는 3남매 중 막내로 두 누나 모두 초등학교 때는 내성적인 성향을 보였다. 그래서 어머니는 부단히 책을 읽고는 그것을 아이들에게 읽어 주면서 서로 이야기를 나눴다고 한다. 지금 두 누나는 모두 최고의 학교생활을 하고 있다. 우리 반 아이 역시도 책을 좋아하는 친구다.

"어머님의 이야기를 들으니 전혀 걱정이 되지 않네요. 최고의 독서

멘토가 이렇게 계시니 앞으로의 삶이 더욱 기대가 되는 친구입니다.”
어머니와 헤어지기 전 이렇게 말했다. 상담 시간만 2시간 반이 훌쩍 지나 있었다. 독서를 하는 학부모와 나누는 대화가 어느 순간 나에게 즐거움을 선사한다는 것을 알게 되었다.

2012년에 근무하던 학교는 6학급밖에 없는 시골학교였다. 나는 학생이 총 6명인 3학년 담임을 맡고 있었다. 그런데 어느 날 나에게 6학년 학부모가 상담을 요청했다. 그 당시는 이지성 작가의 책에 흠뻑 빠져 있던 터라 감명 깊게 읽은 『빨간약』의 내용을 소개하고는 한번 읽어 보라며 교실에 있던 책을 꺼내 드렸다. 며칠 뒤 다시 온 학부모는 책을 감명 깊게 읽었다며, 아이와 관계도 조금씩 개선되고 있다 했다. 그리고 책 읽는 모습을 보이니 아이들도 점차 책에 관심을 보이기 시작했다는 것이다.

육아잡지 『맘&앙팡』에서 여성학자 박혜란 씨의 자녀교육법 기사를 읽었다. 그녀는 가수 이적의 어머니다. 그녀의 교육법은 아들 셋을 모두 서울대학교에 합격시키면서 화제가 되었다. 큰아들은 서울대 건축학과를 졸업하고 건축가가 되었고, 작은아들은 사회학과를 졸업하고 가수가 되었으며, 막내아들은 인류학과를 졸업하고 방송국 PD가 되었다. 나는 그녀가 자녀들을 훌륭하게 교육한 비결을 『믿는 만큼 자라는 아이들』에서 발견했다. ‘내 뜻대로’가 아닌 ‘네 뜻대로’가 그것이다.

39세에 이화여대 대학원에 입학한 그녀는 아이들과 함께 거실에 있는 큰 책상에 둘러앉아 공부하고 이야기를 나눴는데, 부모가 함께 성장하는 최고의 멘토였기에 자녀들에게 지금과 같은 영향력을 미칠 수 있지 않았을까? 이적이 〈말하는 대로〉라는 감성적인 곡을 만든 것도 어쩌면 필연이었을지 모른다.

앞에서도 여러 번 언급했지만, 내 가정 환경은 이것과는 정반대의 모습이었다. 늘 경제 상황 때문에 여유가 없었기에 나는 부모님께서 독서하는 것을 본 기억이 없다. 그렇기에 나도 독서의 필요성을 크게 느끼지 못했다. 부모님을 탓하고자 이 이야기를 하는 것은 아니다. 아이의 독서에서 부모의 역할이 크다는 점, 나처럼 언제든지 독서로 삶을 변화시킬 수 있다는 점을 다시 강조하고 싶어서다.

윈스턴 처칠의 아버지는 그가 9살 때 로버트 루이스 스티븐슨의 『보물섬』을 선물했는데, 이 책은 그가 독서 습관을 기르는 계기가 되었다. 이처럼 부모는 아이에게 최고의 독서 기회를 줄 수 있다.

서울대학교 자기소개서를 보면 '읽었던 책 중 가장 큰 영향을 준 책 3권을 선정하고 그 이유를 기술하라'는 문항이 있다. 나는 이 문항을 보자마자 A4용지를 꺼내 나에게 영향을 준 3권의 책을 나열해 보았다. 그리고 다음 날 아이들에게 숙제를 냈다. 부모의 삶에 영향을 준 3권의 책이 무엇이고, 어떤 영향을 주었는지 함께 이야기해 보라는 숙제였다. 따로 보고서를 작성할 필요 없이 그저 부모와 대화만 하면 되었다. 다음 날 아이들에게 물어보았다. 과연 어떤 대답들이 돌아왔을까? 1~2권 정도 이야기한 부모도 있었지만, 대부분의 부모가 대답을 못했다고 한다. 이처럼 아이들에게 경제적으로 좋은 환경을 지원하려는 부모는 많지만, 정작 삶의 지혜가 담긴 책을 지원하려는 부모는 많지 않은 것이 현실이다.

여러분도 한번 떠올려 보자. '내 삶에 영향을 준 3권의 책'이 무엇인지 말이다. 갑자기 내 아이가 질문할 수도 있지 않은가! 바로 대답할 수 있다면 아이에게 60년의 지혜를 선물한 것과 같다. 한 권의 책에는 20년의 지혜가 담겨 있으니 3권이면 60년이 되는 셈이다. 나는 책을 읽을 때 저자에게 감사의 인사를 먼저 하고 읽는다. 얼마나 감사한가? 2만 원도 안 되는 돈으로 저자의 20년 된 지혜를 쉽게 습득할 수 있으니 말이다.

다른 집에 놀러 가면 종종 가화만사성이라고 쓴 액자를 볼 수 있다. 가화만사성(家和萬事成)이란 '집안이 화목하면 모든 일이 잘 이루어진다'는 의미다. 나는 "내 아이를 위해 '가화만사성 독서력'을 선물해 주세요."라고 말하고 싶다. 사자성어의 뜻을 지닌 가화만사성이 아니라 내가 만든 두문자다.

가 – 가슴 뛰는 삶

화 – 화목한 일상

만 – 대기만성형

사 – 사랑을 전하는 삶

성 – 성장의 기쁨

독서는 이 모든 것을 느끼게 해 준다. 매일매일 성장의 기쁨으로 가슴이 뛰고, 내 주변에 일어나는 모든 일상에 감사함을 느끼며, 긍정 에너지로 사랑을 전하는 멋진 삶이 가능하다. 비록 현재 어려움이 있다고 하더라도 반드시 된다, 할 수 있다는 자신감이 나를 점점 멋진 그릇으로 만들 것이라는 신뢰가 있다. 어른들은 '가화만사성 독서력'을 우리 아이들에게 심어 주어야 할 사명이 있다. 물론 나 자신부터 변화되어야 한다.

이 책이 세상과 소통하기까지 우여곡절이 참 많았다. 그럼에도 나에게 힘과 용기의 끈을 놓지 말라고 시기적절하게 사람과 책을 보내 주신 하나님께 먼저 감사드린다.

원고가 지지부진할 때 끝없는 기다림의 미학을 보여 주신 '행복한 미래' 홍종남 대표님과 팀원들, 극심한 슬럼프에 빠져 헤어 나오지 못할 때 힘과 용기를 불어넣어 준 김태윤(형)과 신동호(친구), 동학년 선생님(이영기, 유태욱, 강미경, 김수연), 언제나 기도로 동역해 주신 방민철 목사님, 장유진 목사님, 묵묵한 속 식구들, 독서의 본보기가 되어 준 김성현 선생님, 열정의 아이콘 김택수 선생님, 진정한 교육자의 삶을 보여 주신 허승환 선생님과 나승빈 선생님, 꿈과 행복, 열정을 선물해 주신 김성효 선생님, 꿈맥이자 선한 영향력의 삶을 함께 나누는 김미경 작가님, 신배화 작가님, 간절함과 영감으로 미라클 모닝에 큰 힘을 준 조성희 대표님, 엄남미 작가님, 이은대 작가님, 마지막 1%의 정성을 완성시켜 준 송수용 대표님, 무엇보다 매일 가르침을 일깨워 주는 작은 스승인 밀알반 아이들에게 감사의 인사를 보낸다.

그리고 항상 바로 옆에서 부족한 남편이자 아빠를 무한한 긍정 에너지로 지지하는 아내 정선애와 예쁜 두 딸 하온이, 시온이. 언제나 응원을 가득해 주시는 어머니, 장인어른과 장모님! 이외에도 언급하지 못한 수많은 모든 분께 감사의 인사를 보낸다.

마지막으로 브라우닝이 한 다음 말로 이 책을 마칠까 한다.

"책은 남달리 키가 큰 사람이요, 다가오는 세대가 들을 수 있도록 소리 높이 외치는 유일한 사람이다."

인문독서의 모든 것을 알려주는

유쾌한 독서 멘토링